JN443967

새 연세한국어 말하기와 쓰기 2-1

연세대학교 한국어학당 편

연세대학교 출판문화원

머리말

연세대학교 한국어학당은 1959년에 설립된 한국 최초의 외국어로서의 한국어 교육 기관이다. 연세대학교 한국어학당은 그간의 역사와 명성에 걸맞게 다양한 한국어 교재 편찬 및 관련 연구를 해 옴으로써 한국어 교육을 선도해 왔다. 지금까지 전 세계에서 온 약 147개국의 14만 명에 이르는 한국어 학습자들에게 한국어와 한국 문화를 가르쳐 왔으며, 최근에는 오프라인 한국어 교육뿐만 아니라 세계 각국의 한국어 학습자들을 대상으로 글로벌 온라인 대중 공개 강좌(MOOC)를 개설하여 학습자들로부터 큰 호응을 얻고 있다. 특히 최근 빠른 속도로 변화해 가는 교육 환경에 맞추어 새로운 교수법과 교수 자료 개발에 힘을 기울이는 등 끊임없는 노력을 하고 있다.

연세대학교 한국어학당은 그간 일반 목적 한국어 학습자들뿐만 아니라 특수 목적 한국어 학습자들을 대상으로 정규 과정, 단기 과정, 대학 한국어 과정 등 다양한 교육 과정을 개설 운영하면서 학습자의 요구에 부응하는 최상의 교재를 개발해 왔다. 이러한 교재들은 국내외의 한국어 교육 기관에서 교사와 학습자들의 다양한 요구를 충족시키며 양질의 한국어 교수·학습을 위해 널리 사용되고 있다.

연세대학교 한국어학당은 그간 가장 큰 호응을 받아 왔던 '연세한국어' 1급~6급의 뒤를 이을 새로운 교재로 '새 연세한국어' 시리즈를 기획 출간하게 되었다. 이 교재의 개발을 위해 한국어 교육 현장 경험이 풍부한 전문 한국어 교육학자 및 교사들이 대거 투입되었고 최상의 한국어 교수법 및 학습자 집단의 요구에 대한 이해를 바탕으로 개발 작업이 장기간에 걸쳐 수행되었다.

이번에 출간된 '새 연세한국어' 시리즈는 총 6단계로 각 단계마다 어휘와 문법 교재, 말하기와 쓰기 교재, 듣기와 읽기 교재로 구성되어 있다. '새 연세한국어 어휘와 문법'은 한국어 학습자들이 각 숙달도별로 가장 필수적으로 익혀야 하는 주요 어휘와 문법에 대한 이해와 활용을 중심으로 구성되었다. '새 연세한국어 말하기와 쓰기'는 원활한 한국어 의사소통을 위해 꼭 필요한 표현 기능을 수행할 수 있도록 말하기, 쓰기 과제를 중심으로 구성되었다. 또한 '새 연세한국어 듣기와 읽기'는 듣기, 읽기 과제를 중심으로 각 급별 숙달도에 적절한 이해 능력을 함양시킬 수 있도록 구성되었다. 이 세 권의 교재는 어휘·문법, 표현, 이해 능력의 고른 발달을 위해 패키지로 함께 사용될 수도 있고, 교육 현장 여건이나 학습자의 요구에 따라 별도로 사용될 수도 있다. 또한 어휘와 문법 교재의 경우 별도의 지침서가 무료로 제공되므로 교육 경험이 다소 부족한 국내외의 한국어 교사들에게 유용한 길잡이가 될 수 있을 것이다.

연세대학교 한국어학당은 앞으로도 전 세계의 한국어 학습자들의 요구와 기대에 부응하는 교재 개발을 위해 최선을 다할 것이다. 아울러 본 교재가 국내외에서 한국어 교육을 위해 노력을 아끼지 않는 많은 교사와 한국어 학습을 위해 노력하는 모든 학습자들에게 크게 도움이 되기를 바란다.

연세대학교 언어연구교육원
한국어학당 교재편찬위원회

일러두기

01 이 책은 <새 연세한국어 어휘와 문법 2>, <새 연세한국어 듣기와 읽기 2>와 함께 한국어 초급 학습자들을 위한 교재이다. 특히 <새 연세한국어 어휘와 문법 2>에서 배운 문형과 어휘를 활용해서 말하기와 쓰기의 표현 연습을 할 수 있도록 구성되었다.

02 이 책은 한국어 초급 학습자들이 한국어로 말하고 쓸 수 있는 능력을 키우기 위한 표현 능력 개발 교재이다.

03 이 책은 총 20과이며 각 과는 2개 항으로 구성되어 총 40개 항이 있다. 그리고 2개 과마다 복습을 할 수 있도록 복습 10개 항을 구성했다. 각 항은 각각 50분 수업 분량으로 이 책은 총 50개 항으로 구성되어 있다. 그리고 2개 과마다 한국 문화에 대한 소개가 있다.

04 이 책의 각 항은 '제목, 학습 목표, 준비해 봅시다, 이야기해 봅시다, 써 봅시다'로 구성되었다. 복습항은 선행 학습된 2개 과의 주제와 기능, 어휘와 문형을 활용할 수 있도록 3개의 과제로 구성되어 있다.

05 이 책의 각 과의 제목은 <새 연세한국어 어휘와 문법 2>와 동일하다. 각 항의 제목은 해당 항의 내용 중에서 학습 목표를 드러낼 수 있는 대표적인 문장을 사용했다.

06 학습 목표는 '-에 대해 이야기할 수 있다, 설명할 수 있다, 소개할 수 있다'와 같이 표현 기능이 드러나도록 기술했다.

07 '준비해 봅시다'는 각 항의 들어가기에 해당된다. 삽화를 제시해서 학습자들의 이해를 돕고 2개의 질문을 통해서 각 항의 구체적인 내용을 예측해 볼 수 있도록 구성했다. 질문은 삽화와 관련된 질문 1개와 주제에 관련된 학습자의 경험에 대한 질문 1개로 구성되어 있다.

08 '이야기해 봅시다'는 <새 연세한국어 어휘와 문법 2>에서 공부한 내용을 주제와 관련해서 말해 볼 수 있는 말하기 연습으로 구성되어 있다. 초급 학습자들이 실제적인 상황에서 의사소통 목적을 달성할 수 있도록 다양한 담화 상황을 다루고자 했으며 담화 상황에서 유용한 표현도 함께 제시하여 의사소통 능력 향상에 도움을 주고자 했다. 또한 학습자들의 이해를 돕기 위해서 연습마다 전형적인 대화의 구조를 보여주는 예시를 <보기>로 제시했다.

09 '써 봅시다'는 '쓰고 발표하십시오, 이야기하고 쓰십시오'와 같이 말하기 활동과 쓰기 활동을 연계한 연습으로 구성되어 있다. 학습자들이 텍스트의 기능과 유형에 따른 글의 구조를 익힐 수 있도록 텍스트 구조 표지를 제시하였으며 '쓰고 발표하십시오'의 경우에는 발표할 때 유용한 표현도 함께 제시하여 격식적인 말하기 연습에 도움을 주고자 했다. 또한 글의 구조를 보여 주는 예시를 <모범 답안>으로 제시하여 학습자들이 참고할 수 있도록 했다.

10 '복습'은 3개의 연습으로 구성되어 있다. 앞선 2개 항에서 배운 어휘와 문형, 주제를 통합해서 길게 말하고 쓸 수 있는 연습으로 구성되어 있다.

11 '문화'는 한국의 문화를 소개하고 관련된 한국어 표현을 제시해서 학습자들이 활용할 수 있도록 구성했다.

12 모든 연습은 학습자들이 자신의 한국어 능력 수준에 맞춰 다양하게 표현할 수 있도록 단계적인 연습으로 구성했다. '이야기해 봅시다'는 주어진 상황으로 대화를 조직하는 연습에서 자신의 상황으로 확장해서 연습할 수 있도록 이루어졌으며 '써 봅시다'는 글쓰기를 위한 개요 작성 단계를 포함하여 논리적이고 단계적인 글쓰기 활동이 이루어질 수 있도록 했다.

13 새로 나온 어휘는 해당 페이지의 하단에 제시했다. 또한 새로 나온 모든 어휘의 목록과 해당 어휘가 사용된 항을 부록에 제시해서 학습에 도움을 주고자 했다.

단원 구성

과	제목	학습 목표	문형	문화
1과 인사와 소개	1. 친구가 많아져서 즐거워요	요즘 생활에 대해 이야기할 수 있다.	-게[1] -어지다	다양한 인사 표현
	2. 한국에서 대학교에 들어가려고 한국말을 배워요	전공과 계획에 대해 이야기할 수 있다.	-은 지 -으려고	
2과 친구와 가족	1. 제 친구는 키가 크고 성격이 좋아요	친구의 외모와 성격에 대해 이야기할 수 있다.	-네요 -겠다[2]	
	2. 아플 때는 할머니가 제일 보고 싶어요	가족과 친척을 소개할 수 있다.	-을 때 의	
3과 고향	1. 제주도에 가 봤어요?	고향의 위치를 설명할 수 있다.	만에 -어 보다[1]	한국의 특산물
	2. 공원에 나무가 많기 때문에 공기가 좋아요	고향의 특징을 설명할 수 있다.	-기 때문에 -는데[2]	
4과 집	1. 방이 더 넓었으면 좋겠어요	살고 있는 집의 장단점을 설명할 수 있다.	-었으면 좋겠다 -어야겠다	
	2. 교통은 편리한가요?	집의 구조와 주변 환경에 대해 설명할 수 있다.	-는 중이다 -나요?	
5과 음식	1. 국물에 밥을 말아서 김치와 같이 먹어요	음식을 소개하고 먹는 방법에 대해 이야기할 수 있다.	-어 보다[2] -는데[3]	한식 상차림
	2. 한국 음식을 만들어 본 적이 있어요?	음식 재료와 요리법에 대해 설명할 수 있다.	-은 적이 있다 에다가	

과	제목	학습 목표	문형	문화
6과 시장	1. 아마 마트에서 팔 거예요	물건을 살 수 있는 여러 장소에 대해 설명할 수 있다.	-을까요?[3] -을 거예요[2]	한식 상차림
	2. 등산화를 사고 싶은데 어디에서 사면 좋을까요?	쇼핑 장소를 추천할 수 있다.	-는데[4] -어하다	
7과 쇼핑	1. 한번 입어 봐도 돼요?	사고 싶은 물건에 대해 설명할 수 있다.	-어도 되다 -으면 안 되다	한국의 옷과 신발 치수
	2. 얼마나 마음에 드는지 몰라요	구입한 물건의 장단점을 설명할 수 있다.	ㅎ동사 얼마나 -는지 모르다	
8과 초대	1. 친구들과 같이 송별회를 할까 해	모임에 대해 설명하고 초대할 수 있다.	-어 -을까 하다	
	2. 케이크를 만들어 가지고 갈 거야	여러 가지 상황에 맞는 선물을 추천할 수 있다.	-어 가지고 -지 마	
9과 약속	1. 11시에 하늘 공원에서 만나는 게 어떠니?	약속 시간과 약속 장소를 정할 수 있다.	-는다, -니? -을게요	부탁 예절
	2. 급한 일이 생겨서 약속을 지키지 못하게 됐어	약속을 취소하거나 변경할 수 있다.	-어라, -자 -게 되다	
10과 부탁	1. 미안한데 숙제 좀 도와줄래?	가까운 사람에게 개인적인 부탁을 할 수 있다.	-을래요? -었다가[1]	
	2. 죄송합니다만 사진 좀 찍어 주실 수 있으세요?	여러 상황에서 적절하게 부탁할 수 있다.	-습니다만 -는지 알다	

차례

등장인물 | Main characters

에릭 파커
- 미국
- 한국어학당 학생
- 한국 전자 직원

존 카마우
- 케냐
- 한국어학당 학생
- 교환 학생

사토 유키
- 일본
- 한국어학당 학생
- 기자

리타오
- 중국
- 한국어학당 학생
- 대학 입학 예정자

노라 한슨
- 노르웨이
- 한국어학당 학생
- 대학원 입학 예정자

최주앙
- 브라질
- 한국어학당 학생
- 대학 휴학생

응웬 흐엉
- 베트남
- 한국어학당 학생

레오 마르탱
- 프랑스
- 한국어학당 학생
- 요리사

올리비아 스미스
- 호주
- 한국어학당 학생
- 외교관

이윤아
- 한국
- 대학생

정하늘
- 한국
- 대학생

김우진
- 한국
- 한국 전자 직원

새 연세한국어

말하기와 쓰기 2-1

01과 인사와 소개

1. 친구가 많아져서 즐거워요

• 학습 목표: 요즘 생활에 대해 이야기할 수 있다.

Ⅰ. 준비해 봅시다

- 두 사람이 무슨 이야기를 하는 것 같습니까?
- 여러분의 요즘 생활은 어떻습니까?

이야기해 봅시다

1 처음 만난 친구와 인사를 합니다. 보기 와 같이 이야기하십시오.

리에 / 일본

① **타오** / 중국　② **흐엉** / 베트남　③ **노라** / 노르웨이　④ ____ / ____

보기

가: 안녕하세요? 제 이름은 리에예요. 일본에서 왔어요.

나: 안녕하세요? 저는 **중국에서** 온 **타오**예요.

가: 한국 생활이 어때요?

나: 처음에는 힘들었지만 이제는 **친구가 많아져서** 즐거워요.

가: 만나서 반가워요.

나: 네, 즐겁게 지냅시다.

익숙하다　힘들다　즐겁다　지내다

2 오랜만에 친구를 만났습니다. 보기 와 같이 쓰고 이야기하십시오.

1

2

3

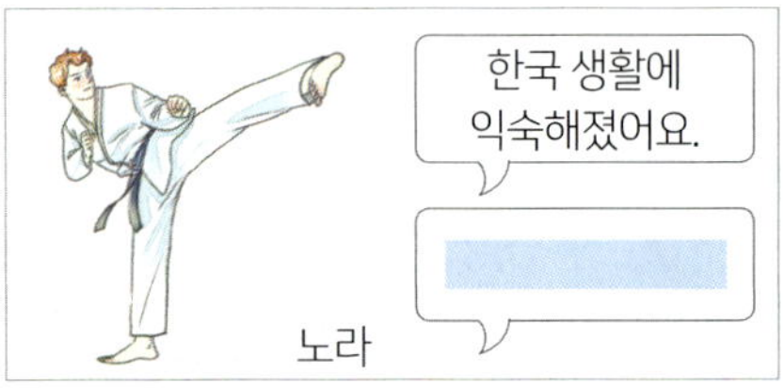

4

보기

가: **주앙 씨,** 오랜만이에요.

나: 네, 오랜만이에요. 요즘 어떻게 지내요?

가: 잘 지내요. **주앙 씨는** 어때요?

나: **친구가 많아져서 즐겁게 지내요.**

가: 한국어 공부는 재미있어요?

나: 네, 재미있지만 **숙제가 좀 많아요.**

가: 주말은 어떻게 보내요?

나: 보통 **친구들과 축구를 해요.**

가: 시간이 있으면 주말에 한번 만날까요?

나: 네, 좋아요.

오랜만이다　보내다

Ⅲ. 써 봅시다

1 여러분의 한국 생활은 어떻습니까? 친구와 이야기하고 요즘 생활에 대해 쓰십시오.

질문	친구	나
어느 나라에서 왔어요?		
언제 한국에 왔어요?		
왜 한국에 왔어요?		
요즘 어떻게 지내요?		
한국 생활에 익숙해졌어요?		
한국말 공부하기가 어때요?		
친구를 많이 사귀었어요?		
주말에는 보통 뭘 해요?		

나의 한국 생활

저는 ________ 에서 온 ________ 입니다. ________ 고 싶어서 한국에 왔습니다. 저는 요즘 ________ 게 지냅니다. 한국 생활에 ________ ________ 처음에는 한국어 공부가 ________ 지만 이제는 ________ ________

주말에는 보통 ________ ________ 한국에서 친구도 많이 사귀고 한국어 공부도 열심히 하고 즐겁게 지내려고 합니다.

사귀다

01 1과

인사와 소개

2. 한국에서 대학교에 들어가려고 한국말을 배워요

• 학습 목표: 전공과 계획에 대해 이야기할 수 있다.

Ⅰ. 준비해 봅시다

- 이 사람들이 한국어를 배워서 뭘 할 것 같습니까?
- 여러분은 한국어를 배워서 뭘 하고 싶습니까?

이야기해 봅시다 1 친구와 전공에 대해 말합니다. 보기 와 같이 이야기하십시오.

전공	희망
한국어 교육학	선생님이 되고 싶어요.
신문 방송학	방송국에서 일하고 싶어요.
경영학	한국 회사에 들어가고 싶어요.
천문 우주학	대학원에 가서 공부를 더 하고 싶어요.
컴퓨터 공학 / 경제학 / 의학 /…….	

❶ **흐엉**

· 대학교에 들어가려고
· 전공: 한국어 교육학

❷ **노라**

· 대학원에 들어가려고
· 전공: 신문 방송학

❸ **존**

· 연세 대학교에 다니려고
· 전공: ______

❹ ______

· ______
· 전공: ______

보기

가: 흐엉 씨는 왜 한국어를 배워요?
나: 한국에서 대학교에 들어가려고 한국어를 배워요.
가: 뭘 전공하실 거예요?
나: 한국어 교육학을 전공하려고 해요.
가: 졸업한 후에는 뭘 하고 싶어요?
나: 고향에 돌아가서 선생님이 되고 싶어요.

한국어 교육학 신문 방송학 경영학 천문 우주학 컴퓨터 공학 경제학 의학
방송국 대학원 전공하다 졸업하다

2 친구와 앞으로의 계획에 대해 말합니다. 보기 와 같이 이야기하십시오.

① **노라** / 한국어 공부 3개월

- 대학원에 들어갈 거예요.
- 신문 방송학을 전공할 거예요.

- 방송국에서 일하고 싶어요.

② **레오** / 한국어 공부 4개월

- 한국에서 프랑스 식당을 열 거예요.
- 한국에 제 고향 요리를 소개할 거예요.

- 한국어로 프랑스 요리를 가르치고 싶어요.

③ **타오** / 한국어 공부 5개월

- 한국에서 대학교에 들어갈 거예요.
- ______

- ______

④ ___ / 한국어 공부 ___ 개월

- ______
- ______

- ______

보기

가: 노라 씨, 요즘 한국어 공부하기가 어때요?

나: 문법이 좀 어려워졌지만 재미있어요.

가: 한국어를 공부한 지 얼마나 됐어요?

나: 한국어를 공부한 지 삼 개월 됐어요.

가: 그렇군요. 한국어를 배워서 뭘 할 거예요?

나: 대학원에 들어가서 신문 방송학을 전공하려고 한국어를 배워요.

가: 아, 그래요? 앞으로 뭘 하고 싶어요?

나: 방송국에서 일하고 싶어요.

가: 노라 씨는 잘 할 수 있을 것 같아요.

나: 고마워요.

앞으로

써 봅시다

여러분은 왜 한국어를 배웁니까? 여러분의 계획을 쓰고 발표하십시오.

한국어 공부를 시작한 때	
처음에 한국어 공부를 시작한 이유	
지금 한국어를 공부하는 목적	
앞으로 한국어를 다 배운 후의 계획	

한국어를 배운 후의 계획

저는 　　　　 에서 온 　　　　 입니다.

저는 한국어 공부를 시작한 지 　　　　

처음에는 　　　　

　　　　 어서/아서/여서

한국어 공부를 시작했습니다.

지금은 　　　　

　　　　 으려고/려고

한국어를 공부하고 있습니다.

앞으로 한국어를 다 배운 후에는 　　　　

여기까지 한국어를 배운 후의 저의 계획 이야기였습니다.

들어 주셔서 고맙습니다.

이유　목적

02과 친구와 가족

1. 제 친구는 키가 크고 성격이 좋아요

• 학습 목표: 친구의 외모와 성격에 대해 이야기할 수 있다.

Ⅰ. 준비해 봅시다

- 에릭 씨가 어떤 사람인 것 같습니까?
- 여러분이 한국에서 자주 만나는 친구는 어떤 사람입니까?

이야기해 봅시다

1 친구 사진을 보고 있습니다. 다음 표현을 사용하여 보기 와 같이 이야기하십시오.

어떻게 생겼어요?	성격이 어때요?
· 예뻐요.	· 착해요.
· 날씬해요.	· 성격이 좋아요.
· 키가 커요.	· 성격이 밝아요.
· 잘생겼어요.	· 마음이 따뜻해요.
· 어깨가 넓어요.	· 말이 없고 조용해요.

① 대학교 친구
- 키가 커요.
- 성격이 좋아요.

② 고향 친구
- 예뻐요.
- 착해요.

③ 고등학교 친구
- 날씬해요.
-

④ 한국 친구
-
-

보기

가: 에릭 씨, 뭘 하고 있어요?

나: 사진을 보고 있어요.

가: 이 사람은 누구예요?

나: 제 **대학교 친구예요**.

가: **키가 크네요**.

나: 네, **키가 크고 성격이 좋아요**.

날씬하다 잘생기다 어깨 성격 착하다 마음

2 유키 씨가 없을 때 친구가 선물을 두고 갔습니다. 보기 와 같이 쓰고 이야기하십시오.

① 민우

② 리사

③ 제니

④ 테오

보기

가: 유키 씨, 조금 전에 누가 유키 씨를 찾아 왔어요.

나: 네? 누가요?

가: 잘 모르겠어요. 이름을 말하지 않았어요.

나: 어떻게 생겼어요?

가: 키가 크고 안경을 낀 남자였어요.

나: 그래요? 제 친구 민우인 것 같아요.

가: 이 꽃을 유키 씨에게 주고 싶어 했어요. 그런데 유키 씨가 없어서 책상 위에 두고 갔어요.

나: 오늘이 제 생일이어서 온 것 같아요. 아! 여기에 카드와 이름이 있네요. 민우가 준 선물이네요.

가: 아, 그래요? 생일 축하해요. 선물을 받아서 기분이 좋겠어요.

나: 네, 좋아요.

안경 끼다 두다

III. 써 봅시다

1 소개하고 싶은 친구가 있습니까? 그 친구를 소개하는 글을 쓰고 발표하십시오.

모습	☐ ☐ ☐
성격	☐ ☐ ☐
친구가 잘 하는 것	☐ ☐ ☐

내 친구

제 친구를 소개하겠습니다. 친구 이름은 ______ 입니다. 저는 ______ 을/를 만난 지 ______ 됐습니다. 우리는 ______ 에서 만났습니다.

제 친구는 ______ 고 ______

______

그리고 ______

______

______

______

여기까지 제가 좋아하는 친구 ______ 소개였습니다. 감사합니다.

모습

02과

친구와 가족

2. 아플 때는 할머니가 제일 보고 싶어요

• 학습 목표: 가족과 친척을 소개할 수 있다.

Ⅰ. 준비해 봅시다

- 이 사람이 누구를 소개하고 있습니까?
- 가족 중에서 친구들에게 소개하고 싶은 사람이 있습니까?

이야기해 봅시다 **1** 주앙 씨의 가족사진을 보고 보기 와 같이 이야기하십시오.

보기

가: 주앙 씨, 이분은 누구예요?

나: 이분은 우리 고모예요. 아버지의 여동생이에요.

가: 언제 찍은 사진이에요?

나: 제가 고등학교를 졸업할 때 찍은 거예요.

가: 그렇군요. 고모는 어떤 분이에요?

나: 우리 고모는 정말 재미있고 마음이 따뜻한 분이에요.

고모 작은아버지

2 여러분이 소개하고 싶은 가족이나 친척은 누구입니까? 보기 와 같이 이야기하십시오.

① 타오	② 올리비아	③ 흐엉	④

보기

가: 타오 씨, 방학 때 뭐 했어요?

나: 여행을 다녀왔어요.

가: 재미있었겠군요. 누구하고 다녀왔어요?

나: 이모가 한국 드라마를 좋아해서 이모와 춘천에 갔어요.

가: 한국에 처음 오신 거예요?

나: 아니요, 한국을 좋아해서 여러 번 오셨어요.

가: 이모는 무슨 일을 하세요?

나: 이모는 공무원이에요.

가: 아, 그렇군요.

나: 저는 친척들 중에서 이모를 제일 좋아해요.

조카 콘서트 공무원 친척

III. 써 봅시다

아플 때 보고 싶은 사람이 누구입니까? 친구와 같이 이야기하고 그 사람을 소개하는 글을 쓰십시오.

질문	친구	나
아플 때 보고 싶은 사람이 누구예요?		
왜 그 사람이 보고 싶어요?		
그 사람은 무슨 일을 해요?		
그 사람은 무엇을 좋아해요?		
그 사람하고 무엇을 하고 싶어요?		

아플 때 보고 싶은 사람

제가 아플 때 제일 보고 싶은 사람은 ______ 입니다.
______ 어서/아서/여서 ______
______

______ 의 직업은 ______
______ 은/는 ______ 을/를 좋아해서
______
______
______
______ 고 싶습니다.

복습 1-2과

1 보기 와 같이 이야기하십시오.

친구	고향	모습	성격	한국어를 공부하는 목적
타오	중국 베이징	· 키가 크고 멋있어요. · 어깨가 넓어요.	· 마음이 따뜻해요. · 착해요.	한국에서 대학교에 입학하려고 해요.

보기

가: 친구들 사진이군요. 이 사람은 누구예요?

나: 타오 씨예요. 타오 씨는 중국 사람이에요.

가: 잘생겼군요.

나: 네, 키가 크고 멋있어요. 어깨도 넓고요.

가: 성격은 어때요?

나: 성격도 좋아요. 마음이 따뜻하고 착해요.

가: 이 친구는 왜 한국어를 배워요?

나: 타오 씨는 한국에서 대학교에 입학하려고 한국어를 배우고 있어요.
다음에 같이 한번 만나요.

2 다음 질문으로 친구와 이야기하십시오.

질문	친구	나
고향이 어디예요?		
한국어 공부를 한 지 얼마나 됐어요?		
왜 한국어 공부를 시작했어요?		
한국어를 공부할 때 제일 힘든 것이 뭐예요?		
힘들 때 생각나는 사람이 누구예요?		
한국어를 배운 후에 뭘 하려고 해요?		

3 자기를 소개하는 글을 쓰십시오.

연습하기

문화 다양한 인사 표현

한국인의 인사 예절은 다양하고 상황에 따라 주고받는 인사말도 다릅니다. 한국에서는 아침에 일어났을 때 "안녕히 주무셨어요?"라고 인사합니다. 길에서 누군가를 만났을 때는 "어디 가세요?"나 "어디 다녀오세요?"라는 물음으로 인사를 대신합니다. 식사 시간이 지나서 누군가를 만났을 때는 "식사하셨어요?"라고 인사합니다. 그리고 아는 사람을 오랜만에 만났을 때는 "오래간만이에요. 그동안 잘 지냈어요?"라는 인사로 상대방의 요즘 생활에 대해 묻습니다. 한국에서 누군가에게 인사를 할 때는 상대방의 나이나 그 사람과의 관계를 생각하여 알맞게 표현해야 합니다.

1. 한국에서는 인사를 할 때 어떤 것들을 생각해야 합니까?
2. 여러분의 나라에서는 위와 같은 상황에서 어떻게 인사합니까?

03과 고향

1. 제주도에 가 봤어요?

• 학습 목표: 고향의 위치를 설명할 수 있다.

Ⅰ. 준비해 봅시다

- 이 그림에서 여러분의 고향이 어디에 있습니까?
- 여러분의 고향은 어떤 곳입니까?

이야기해 봅시다

1 고향의 위치를 설명합니다. 그림을 보고 보기 와 같이 이야기하십시오.

❶

이윤아

- **제주도** / 한국의 남쪽에 있는 섬
- 한국에서 제일 큰 섬이에요. 인기 있는 관광지예요.

❷

서강희

- **강화도** / 서해에 있는 섬
- 볼 것이 많아요.

❸

김이산

- **수원** / 서울의 남쪽에 있는 도시

❹

강연아

- **강릉** /
-

보기

가: 윤아 씨, 오랜만이에요. 그동안 어떻게 지냈어요?

나: 오랜만에 고향에 다녀왔어요.

가: 좋았겠군요. 고향이 어디예요?,

나: 제 고향은 제주도예요. 제주도에 가 봤어요?

가: 아니요, 제주도가 어디에 있어요?

나: 한국의 남쪽에 있는 섬이에요. 한국에서 제일 큰 섬이고 인기 있는 관광지예요.

강화도 인삼 해산물 수원 서해 남해 동해 경기도 강원도 충청도
전라도 경상도 다녀오다 섬 관광지

2 친구와 고향 사진을 보면서 이야기합니다. 보기 와 같이 이야기하십시오.

· 1년 만에
· **도빌** / 파리의 서쪽에 있는 작은 도시
· 해수욕장이 아름다운 관광지예요. 해산물이 맛있어요.

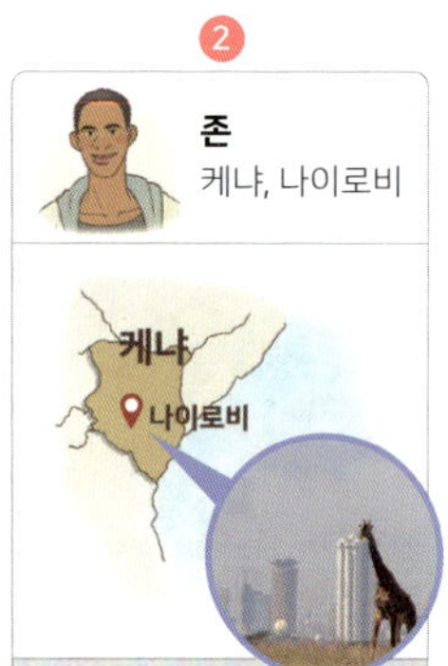

· 3개월 만에
· **나이로비** / 케냐의 가운데에 있는 도시
· 케냐의 수도예요. 구경거리가 많아요.

·
· **하와이** / 태평양에 있는 섬
·

·
· /
·

보기

가: 레오 씨, 무슨 사진이에요?
나: 지난 방학에 다녀온 고향 사진이에요.
가: 얼마 만에 고향에 다녀왔어요?
나: 1년 만에 다녀왔어요. 오랜만에 고향 음식도 먹었어요.
가: 고향이 프랑스지요? 프랑스 어디예요?
나: 제 고향은 프랑스 도빌이에요. 도빌에 가 봤어요?
가: 아니요. 아직 못 가 봤어요. 어디에 있어요?
나: 도빌은 파리의 서쪽에 있는 작은 도시예요.
가: 어떤 곳이에요?
나: 해수욕장이 아름다운 관광지예요. 해산물도 맛있고요. 꼭 한번 놀러 오세요.

도빌 해수욕장 케냐 나이로비 가운데 수도 구경거리 하와이 태평양

III. 써 봅시다

1 여러분의 고향은 어디입니까? 고향을 소개하는 글을 쓰고 발표하십시오.

북
서 동
남

고향의 위치를 그리세요

고향 이름	
위치	고향 근처에 있는 것/곳:
어떤 곳?	□도시 / □작은 도시 / □시골 / □섬 / □

나의 고향

제 고향은 ______ 입니다. 여러분은 제 고향에 가 보셨습니까?

제 고향은 ______ 에 있습니다. 제 고향의 ______ 쪽에는 ______ ______ 쪽에는 ______

제 고향은 ______

여러분도 제 고향에 꼭 한번 오세요.

제 고향 이야기를 들어 주셔서 고맙습니다.

위치

03과

고향

2. 공원에 나무가 많기 때문에 공기가 좋아요

• 학습 목표: 고향의 특징을 설명할 수 있다.

Ⅰ. 준비해 봅시다

- 이 사람의 고향이 어떤 곳입니까?
- 친구들에게 고향을 소개할 때 무슨 이야기를 하고 싶습니까?

이야기해 봅시다

1 고향에 대해 이야기합니다. 보기 와 같이 이야기하십시오.

① 노라	② 흐엉	③ 올리비아	④ 주앙
노르웨이 오슬로	베트남 호찌민	호주 시드니	브라질 상파울루
바다가 가깝고 공원에 나무가 많아서 공기가 좋아요.	역사가 오래된 도시여서 멋있는 건물이 많아요.	1년 내내 날씨가 좋고 자연이 아름다워서 여행하기 좋아요.	브라질에서 가장 큰 도시이고 볼 것이 많아서 사람이 많아요.

보기

가: 노라 씨 고향이 어디예요?

나: 노르웨이 오슬로예요.

가: 오슬로는 어떤 곳이에요?

나: 바다가 가깝고 공원에 나무가 많기 때문에 공기가 좋아요.

가: 고향에 많이 가고 싶지요?

나: 네, 요즘 고향이 많이 그리워요. 가족들도 보고 싶고요.

오슬로 호찌민 내내 자연 상파울루 그립다

2 친구에게 고향을 소개하려고 합니다. 보기 와 이야기하십시오.

	① 타오	② 아야카	③ 후엔	④ 노라
고향	 중국의 북동부	 일본의 중부	 베트남의 북부	 노르웨이의 남부
날씨	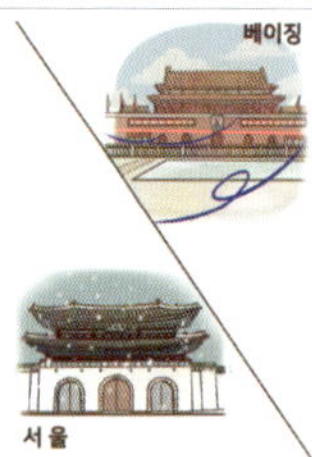			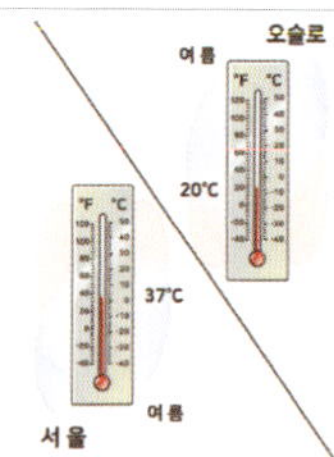
음식	 베이징덕	 타코야키	 쌀국수	 해산물 요리
유명한 곳	 만리장성	 오사카 성	 호안끼엠 호수	 노르웨이 왕궁

보기

가: 타오 씨 고향은 어디예요?
나: 제 고향은 중국 베이징이에요.
가: 그렇군요. 베이징은 어디에 있어요?
나: 중국의 북동부에 있어요.
가: 베이징 날씨는 어때요?
나: 서울은 겨울에 눈이 많이 오는데 베이징은 많이 오지 않아요.
가: 베이징에서 유명한 음식은 뭐예요?
나: 베이징덕이 유명해요. 베이징에 가면 꼭 드세요.
가: 네, 베이징에서 유명한 곳은 어디예요?
나: 만리장성이 유명해요. 꼭 한번 가세요.

북동부 베이징덕 유명하다 만리장성 중부 타코야키 성 하노이 북부
호안끼엠 남부 왕궁

써 봅시다

여러분의 고향은 어떤 곳입니까? 친구와 이야기하고 고향을 소개하는 글을 쓰십시오.

질문	친구	나
고향이 어디예요?		
어디에 있어요?		
어떤 곳이에요?		
날씨는 어때요?	서울은	
	고향은	
유명한 음식은 뭐예요?		
유명한 곳이 어디예요?		

내 고향 소개

저는 ______ 에서 왔습니다. 제 고향 ______
은/는 ______ 에 있습니다.
제 고향은 ______
서울 날씨는 ______
______
우리 고향에서는 ______ 이/가 유명합니다.
______
______
______
______

04과 집

1. 방이 더 넓었으면 좋겠어요

• 학습 목표: 살고 있는 집의 장단점을 설명할 수 있다.

Ⅰ. 준비해 봅시다

- 여러분은 어디에서 삽니까?
- 지금 살고 있는 집은 어떻습니까?

이야기해 봅시다

1 지금 사는 곳이 어떻습니까? 보기 와 같이 이야기하십시오.

	① 흐엉	② 타오	③ 노라	④ 주앙
사는 곳	**신촌 하숙집**	**학교 기숙사**	**한강 근처 오피스텔**	**이태원 원룸**
😊	아주머니가 아침밥을 해 주세요.	가까워요.	한강을 볼 수 있어요.	근처에 식당이 많아요.
☹️	방이 좁아요.	지하철역이 멀어요.	관리비가 비싸요.	시끄러워요.

보기

가: **흐엉 씨,** 지금 어디에 살아요?

나: **신촌에 있는 하숙집에** 살아요.

가: 그래요? **하숙집이** 어때요?

나: **아주머니가 아침밥을 해 주셔서** 좋아요.

가: 불편한 건 없어요?

나: **방이 좀 좁아요. 방이 더 넓었으면** 좋겠어요.

아침밥 관리비 이태원 불편하다

2 다른 곳으로 이사하고 싶습니다. 다음 표현을 사용하여 보기와 같이 이야기하십시오.

좋은 점	나쁜 점	집을 알아보는 방법
조용해요.	시끄러워요.	인터넷으로 찾아요.
깨끗해요.	더러워요.	친구들에게 물어봐요.
싸요.	비싸요.	집 찾기 앱으로 찾아요.
가까워요.	멀어요.	
방이 넓어요.	방이 좁아요.	
방이 밝아요.	방이 어두워요.	
교통이 편리해요.	교통이 불편해요.	
근처에 식당이 많아요.	근처에 식당이 많지 않아요.	

① 하숙집 → 원룸　② 기숙사 → ＿＿　③ 오피스텔 → ＿＿　④ 원룸 → ＿＿

보기

가: 저 이사하고 싶어요.

나: 왜요? 무슨 문제가 있어요?

가: 조용하지만 방이 좀 어두워요.

나: 어디로 이사하고 싶어요?

가: 원룸으로 이사하고 싶어요.

나: 어떤 곳이었으면 좋겠어요?

가: 방이 밝았으면 좋겠어요. 좋은 집은 어떻게 찾아요?

나: 저는 인터넷으로 찾았어요

가: 그럼 저도 인터넷으로 알아봐야겠어요.

나: 좋은 집을 잘 찾아 보세요.

점　알아보다　앱(app)　이사하다

III. 써 봅시다

여러분이 살고 싶은 집은 어떤 집입니까? 친구와 이야기하고 그 집에 대해 쓰십시오.

질문	친구	나
어디에서 살고 싶어요?		
그 집이 어디에 있었으면 좋겠어요?		
왜 그곳에서 살았으면 좋겠어요?		
집이 어땠으면 좋겠어요?		
집 근처에 무엇이 있었으면 좋겠어요?	☐ 지하철역 ☐ 편의점 ☐ 병원 ☐ 공원 ☐ 식당 ☐ 백화점 ☐ ______	☐ 지하철역 ☐ 편의점 ☐ 병원 ☐ 공원 ☐ 식당 ☐ 백화점 ☐ ______

내가 살고 싶은 집

저는 ______________에서 살고 싶습니다. 그리고 그 집이 ______________에 있었으면 좋겠습니다. ______________ ______________기 때문입니다.

집은 ______________

____

그리고 ______________

____

____

____

집 근처에는 ______________

____

____

04과 집

2. 교통은 편리한가요?

• 학습 목표: 집의 구조와 주변 환경에 대해 설명할 수 있다.

Ⅰ. 준비해 봅시다

- 이것이 무슨 광고입니까?
- 여러분은 집을 알아볼 때 무엇을 제일 중요하게 생각합니까?

이야기해 봅시다

1 새로 이사한 친구와 이야기합니다. 보기 와 같이 이야기하십시오.

①

②

③

④

보기

가: 저 지난주에 **오피스텔로** 이사했어요.

나: 그래요? 새로 이사한 집이 어떤가요?

가: **베란다가 있어서** 아주 좋아요.

나: **교통은 편리한가요**?

가: **네, 지하철역과 버스 정류장이 가까워서 아주 편리해요**.

나: 그렇군요. 좋은 집으로 이사를 해서 기쁘겠어요.

베란다 고시원 새로 편리하다

2 같이 살 룸메이트에게 집에 대해 설명합니다. 보기 와 같이 이야기하십시오.

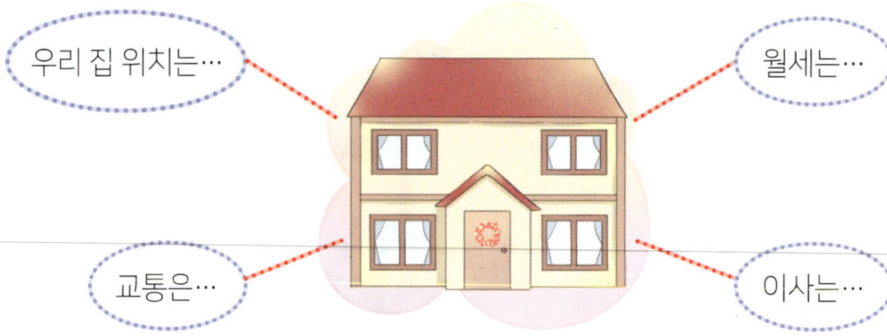

①

②

③

④

보기

가: 지금 사는 집 계약이 거의 끝나서 이사를 해야 해요.

나: 그래요? 저는 **룸메이트가 고향에 돌아가서** 같이 살 사람을 찾는 중이에요.

가: 정말요? 집이 어디인가요?

나: **신촌역 근처에 있는 아파트예요**. **깨끗하고 거실도 넓어요**.

가: 월세는 얼마인가요?

나: **40만원이에요**.

가: 교통은 편리한가요?

나: **네, 신촌역이 가까워서 편리해요**.

가: 괜찮네요. 이사는 언제 할 수 있나요?

나: **다음 주부터** 할 수 있어요.

월세　거의　계약　룸메이트

III. 써 봅시다

룸메이트를 찾고 있습니다. 집을 소개하고 룸메이트를 찾는 글을 쓰십시오.

집	□ 원룸 □ 오피스텔 □ 아파트 □ ______
위치	
층	______ 층
엘리베이터	□ 있음 □ 없음
월세	______ 원
교통	
가구 / 물건	
집안일	

룸메이트를 찾습니다

같이 살 룸메이트를 찾습니다.

제가 살고 있는 집은 아주 좋습니다.

우리 집은 ______ 이고 ______ 에 있습니다.

______ 층이고 엘리베이터는 ______

월세는 ______

교통은 ______

______

집에는 ______

______

같이 살면 집안일은 ______

______

집을 보고 싶으면 이메일이나 전화로 연락해 주세요.

엘리베이터 가구

1 보기 와 같이 이야기하십시오.

친구	고향	위치	유명한 것	
노라	노르웨이 오슬로	남부 해안	 바이킹	 피오르드

보기

가: 노라 씨, 방학에 뭘 했어요?

나: 오랜만에 고향에 가서 가족과 같이 즐거운 시간을 보냈어요.

가: 부럽네요. 노라 씨 고향은 어디인가요?

나: 제 고향은 노르웨이 오슬로예요. 오슬로에 가 봤어요?

가: 아니요, 못 가 봤어요.

나: 오슬로는 노르웨이 남부 해안에 있어요. 날씨가 좋고 자연도 아름답기 때문에 여행하기 좋아요.

가: 한번 가 봐야겠어요. 노르웨이는 뭐가 유명한가요?

나: 바이킹과 피오르드가 유명해요. 다음에 시간이 있을 때 꼭 한번 놀러 오세요.

2 다음 질문으로 친구와 이야기하십시오.

질문	친구	나
지금 어디에 살고 있나요?		
그 집을 어떻게 찾았나요?		
그 집에서 산 지 얼마나 됐나요?		
그 집의 좋은 점과 나쁜 점은 무엇인가요?		
집에 뭐가 있나요?		
집 근처에 뭐가 있나요?		

해안　바이킹　피오르드

3 지금 사는 집을 소개하는 글을 쓰십시오.

연습하기

문화

한국의 특산물

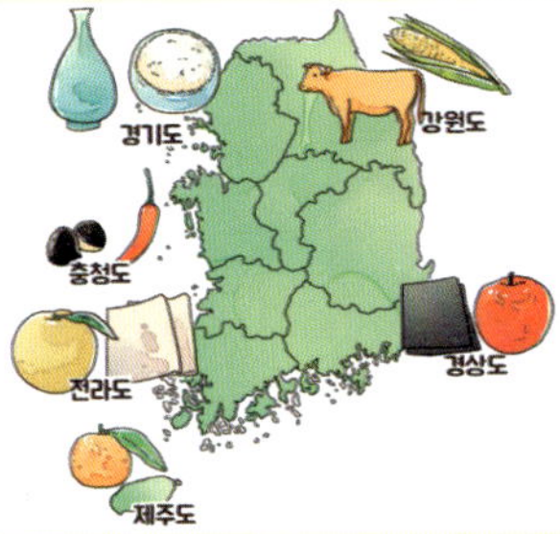

한국에서 여행을 한 적이 있습니까? 여러분은 거기에서 무엇을 했습니까? 사람들은 여행을 가면 구경도 하고 그곳에서 유명한 음식을 먹거나 유명한 물건을 사기도 합니다. 이러한 것들을 특산물이라고 합니다. 제주도는 귤이 유명합니다. 경기도는 쌀과 도자기, 강원도는 소고기와 옥수수 등이 잘 알려져 있습니다. 이러한 곳에서 나오는 특산물들은 다른 지역에서 나오는 것보다 좋기 때문에 옛날에는 왕에게 선물로 보내기도 했습니다. 이제 이러한 특산물들은 우체국에서도 주문할 수 있고 인터넷으로도 쉽게 살 수 있습니다.

1. 제주도에 가 봤습니까? 제주도는 무엇이 유명합니까?
2. 여러분의 고향에는 어떤 특산물이 있습니까?

05과

음식

1. 국물에 밥을 말아서 김치와 같이 먹어요

• 학습 목표: 음식을 소개하고 먹는 방법에 대해 이야기할 수 있다.

Ⅰ. 준비해 봅시다

- 이 음식들 중에서 좋아하는 음식이 무엇입니까?
- 그 음식은 어떻게 먹습니까?

이야기해 봅시다

1 친구에게 고향 음식을 소개하려고 합니다. 보기 와 같이 이야기하십시오.

❶ **유키** / 일본

❷ **타오** / 중국

❸ **주앙** / 브라질

❹ ____ / ____

타코야키 / 문어

베이징덕 / 오리고기

슈하스코 / 여러 가지 고기와 파인애플

?

____ / ____

타코야키에 소스를 뿌려요.

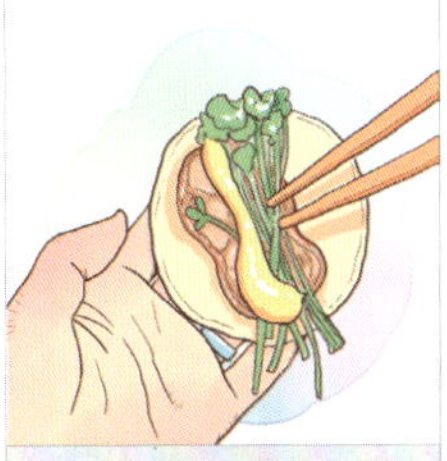
밀전병에 오리고기를 싸요.

슈하스코를 소스에 찍어요.

____

보기

가: 유키 씨, 일본 음식을 먹어 보고 싶은데 유명한 음식 좀 소개해 주세요.

나: 타코야키가 유명해요. 문어로 만든 음식인데 아주 맛있어요.

가: 그래요? 어떻게 먹어요?

나: 타코야키에 소스를 뿌려서 먹어요.

가: 저도 먹어 보고 싶네요.

나: 타코야키를 맛있게 하는 식당이 있는데 주말에 같이 갑시다.

문어 소스 뿌리다 오리고기 밀전병 싸다 슈하스코 파인애플 찍다

2 친구와 음식에 대해 이야기합니다. 보기 와 같이 이야기하십시오.

①	②	③	④

갈비탕 / 소갈비	**냉면** / 소고기 육수, 면	**빈대떡** / 녹두	______ / ______

보기

가: 점심에 뭘 먹을까요?
나: 갈비탕이 어때요? 갈비탕을 드셔 보셨어요?
가: 아니요, 못 먹어 봤어요. 어떤 음식이에요?
나: 소갈비로 만든 음식인데 몸에 좋고 맛도 좋아요.
가: 그래요? 그런데 갈비탕은 어떻게 먹어요?
나: 국물에 밥을 말아서 김치와 같이 먹어요.
가: 한번 먹어 보고 싶네요.
나: 그럼 갈비탕을 먹으러 갈까요?
가: 네, 좋아요.
나: 제가 자주 가는 식당이 있으니까 거기로 갑시다.

소갈비 소고기 육수 면 겨자 빈대떡 녹두 국물 말다

써 봅시다

여러분은 한국 음식 중에서 무슨 음식을 가장 좋아합니까? 친구와 이야기하고 그 음식에 대해 쓰십시오.

질문	친구	나
가장 좋아하는 한국 음식이 뭐예요?		
왜 그 음식을 좋아해요?		
언제 처음 먹어 봤어요?		
그 음식은 무엇으로 만들어요?		
음식 맛은 어때요?		
어떻게 먹어요?		
그 음식을 자주 먹어요?		

내가 가장 좋아하는 음식

제가 가장 좋아하는 한국 음식은 ________________
제가 그 음식을 좋아하는 이유는 ________________ 기 때문입니다. 저는 ________ 전에 ________ 을/를 처음 먹어 봤습니다.

________ 은/는 ________ 으로/로 만든 음식인데 ________________
____
________ 을/를 먹을 때는 ________________
____

저는 ________ 을/를 ________
____
____

05과

음식

2. 한국 음식을 만들어 본 적이 있어요?

• 학습 목표: 음식 재료와 요리법에 대해 설명할 수 있다.

Ⅰ. 준비해 봅시다

- 이 사람들이 무슨 음식을 만들고 있는 것 같습니까?
- 여러분은 무슨 음식을 만들 수 있습니까?

야기해 봅시다

1 아침에 먹은 음식에 대해 이야기합니다. 보기 와 같이 이야기하십시오.

① 달걀찜	② 감자 베이컨 볶음	③ 삶은 달걀과 옥수수 샐러드	④

<재료> · 달걀 두 개 물 한 컵 · 소금 조금	<재료> · 감자 두 개 베이컨 네 장 · 기름 조금	<재료> · 달걀 세 개 옥수수 세 숟가락, 채소 조금 · 마요네즈 조금	<재료> · ·
1. 달걀과 물을 잘 섞어요. 2. 소금을 조금 넣어요. 3. 15분쯤 쪄요.	1. 감자를 썰어서 프라이팬에 볶아요. 2. 베이컨을 넣어요 3. 조금 더 볶아요.	1. 달걀을 8분쯤 삶아서 작게 썰어요. 2. 옥수수를 세 숟가락 넣어요. 3.	1. 2. 3.

보기

가: 안녕하세요? 일찍 오셨네요. 아침은 드셨어요?

나: 네, 달걀찜을 만들어 먹었어요.

가: 그건 어떻게 만들어요?

나: 먼저 달걀 두 개하고 물 한 컵을 준비하세요. 소금 조금하고요.

가: 그다음에는요?

나: 달걀하고 물을 잘 섞으세요. 거기에다가 소금을 조금 넣으세요.
그리고 15분쯤 찌세요. 생각보다 쉬워요.

달걀찜 달걀 소금 섞다 넣다 찌다 재료 감자 베이컨 볶다 기름
프라이팬 삶다 채소 옥수수 샐러드 마요네즈 썰다

2 한국 음식을 만드는 방법입니다. 보기 와 같이 이야기하십시오.

① 궁중 떡볶이

양념: 간장 4숟가락, 설탕 2숟가락, 다진 마늘 조금

끓는 물에 떡을 넣고 2분 후에 불을 꺼요.	프라이팬에 채소를 넣고 볶아요.	떡과 고기와 양념을 넣고 2분쯤 더 볶아요.

② 미역국

양념: 간장 4숟가락, 소금 조금

찬물에 미역을 넣고 10분쯤 기다려요.	냄비에 미역과 고기를 넣고 5분쯤 볶아요.	

③ 김치 볶음밥

양념: 간장 1숟가락, 다진 마늘 조금

프라이팬에 김치와 참치를 넣고 볶아요.		

보기

가: 한국 음식을 만들어 본 적이 있어요?
나: 네, **궁중 떡볶이를** 만들어 본 적이 있어요.
가: 재료가 뭐예요?
나: **떡볶이 떡하고 소고기가** 있어야 해요.
그리고 **여러 가지 채소도** 준비하세요.
양념은 **간장하고 설탕하고 다진 마늘이에요**.
가: 어떻게 만들어요?
나: 먼저 **끓는 물에 떡을 넣고 2분 후에 불을 끄세요**.
가: 그다음에는요?
나: 그다음에 **프라이팬에 채소를 넣고 볶으세요**.
거기에다가 **떡과 고기와 양념을 넣고 2분쯤 더 볶으세요**.
마지막에 참기름을 조금 뿌리면 더 맛있어요.
가: 별로 어렵지 않을 것 같아요.
나: 네, 한번 만들어 보세요. **생각보다 쉬워요**.

궁중 떡볶이　떡　양념　간장　설탕　다지다　마늘　미역국　미역　찬물　냄비
고기　끓이다　볶음밥　참치　끓다　마지막　참기름　별로

Ⅲ. 써 봅시다

자주 만들어 먹는 음식이 무엇입니까? 그 음식을 만드는 방법을 쓰고 발표하십시오.

음식 이름	
음식 소개	
음식 재료	
만드는 순서	· 먼저 · 그다음에 · 그리고
더 맛있게 만드는 방법	
음식의 맛	

나의 ______ 요리법

여러분은 ______ 을/를 아십니까? ______ 을/를 먹어 본 적이 있습니까?

이 음식은 ______

이 음식의 재료로는 ______ 이/가 있어야 합니다. 그리고 ______ 도 준비해야 합니다.

이제 요리법을 소개하겠습니다. 먼저, ______

그다음에 ______

그리고 ______

더 맛있게 만들고 싶으면 ______

맛이 ______

만들기가 생각보다 어렵지 않으니까 여러분도 한번 만들어 보세요.

끝까지 들어 주셔서 고맙습니다.

요리법

06과 시장

1. 아마 마트에서 팔 거예요

• 학습 목표: 물건을 살 수 있는 여러 장소에 대해 설명할 수 있다.

I. 준비해 봅시다

• 여기가 어디입니까?

• 여러분이 물건을 살 때 자주 가는 곳은 어디입니까?

이야기해 봅시다

1 사고 싶은 것이 있습니다. 그 물건을 어디에서 사야 하는지 보기 와 같이 이야기하십시오.

①

· 수건: 집에 수건이 별로 없어요.
· 칫솔?

②

· 쌀: 집에서 밥을 해 먹어요.
· 콩?

③

· 컵: 파티를 할 거예요.
· 풍선?

④

· 이불: 부모님이 오셔서 주무실 거예요.
· 방석?

지하철역 근처 마트

아파트 근처 시장

보기

가: 유키 씨, 이 근처에 마트나 시장이 있어요?
나: 네, 있어요. 왜요?
가: 수건을 사려고 해요. 집에 수건이 별로 없어요.
나: 그럼 지하철역 근처 마트에 가 보세요. 거기에 있을 거예요.
가: 칫솔도 팔까요?
나: 아마 팔 거예요.

수건 칫솔 쌀 콩 풍선 이불 방석 마트 팔다

2 어디에서 사면 좋겠습니까? 보기와 같이 이야기하십시오.

😊	·집에서 가까워요. ·24시간 문을 열어요. ·음료를 2개 사면 1개를 더 줘요.
☹	·생활용품이 좀 비싸요. ·물건 종류가 많지 않아요.

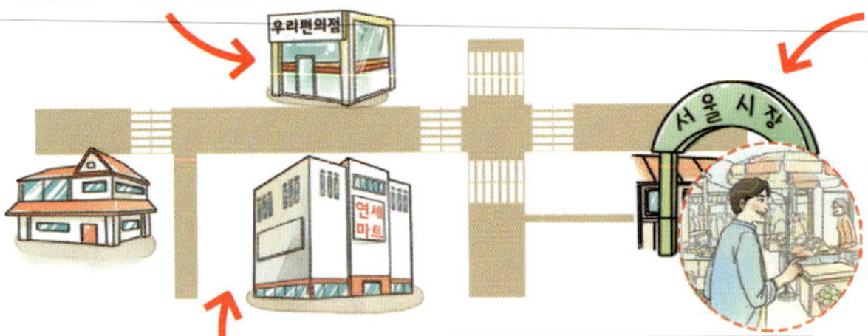

😊	·과일과 채소가 싱싱해요. ·값을 깎을 수 있어요. ·조금씩 살 수 있어요.
☹	·배달을 해 주지 않아요. ·교통이 복잡해요.

😊	·물건이 많아요. ·생활용품이 싸요. ·많이 사면 배달을 해 줘요.
☹	·조금씩 팔지 않아요. ·사람이 많아요.

1  과일을 사고 싶어요.

2  생활용품을 사고 싶어요.

3  냉동식품을 사고 싶어요.

4  식료품과 음료를 사고 싶어요.

보기

가: 과일을 사고 싶어요. 과일을 살 때 어디로 가세요?

나: 저는 서울 시장으로 가요.

가: 서울 시장이 좋아요?

나: 네, 서울 시장은 과일이 싱싱해서 좋아요.

가: 아, 그래요?

나: 네, 그리고 값을 깎을 수 있어요.

가: 연세 마트는 어때요?

나: 거기는 아마 사람이 많을 거예요.

가: 그럼 서울 시장으로 가야겠네요.

나: 네, 한번 가 보세요.

음료 생활용품 종류 싱싱하다 조금씩 냉동식품 식료품

III. 써 봅시다

집 근처에 자주 가는 마트나 시장이 있습니까? 그곳에 대해 친구와 이야기하고 그곳을 소개하는 글을 쓰십시오.

질문	친구	나
어디에 자주 가요?		
거기에서 뭘 팔아요?		
몇 시에 문을 열어요?		
쉬는 날이 있어요?		
거기에서 뭘 많이 사요?		
거기가 왜 좋아요?		
불편한 점도 있어요?		

내가 자주 가는 ______

우리 집 근처에 ______ 이/가 있습니다. 거기에서는 ______

______

______

저는 거기에서 ______ 을/를 삽니다.

______

______ 은/는 ______ 어서/아서/여서 좋습니다. 그리고 ______

______

______

______

06과 시장

2. 등산화를 사고 싶은데 어디에서 사면 좋을까요?

• 학습 목표: 쇼핑 장소를 추천할 수 있다.

Ⅰ. 준비해 봅시다

- 이 사람이 무엇을 살 것 같습니까?
- 여러분이 자주 쇼핑하는 곳은 어떤 점이 좋습니까?

이야기해 봅시다

1 에릭이 친구들에게 줄 선물을 사려고 합니다. 보기 와 같이 이야기하십시오.

물건	친구의 말
① 등산화	등산을 시작했어요. 등산화가 없어서 불편해요.
② 가벼운 가방	학교에 다녀요. 가방이 무거워서 힘들어요.
③ 선풍기	집에 에어컨이 없어요. 더워서 힘들어요.
④ 귀걸이	이번 주 일요일이 생일이에요. 생일에 귀걸이를 받고 싶어요.

보기

가: 등산화를 좀 사고 싶은데 어디에서 사면 좋을까요?

나: 에릭 씨가 신을 거예요?

가: 아니요, 선물할 거예요.
친구가 등산을 시작했는데 등산화가 없어서 불편해해요.

나: 그럼 연세 백화점 스포츠 용품 매장에 가 보세요.

가: 그래요? 몇 층에 있어요?

나: 4층에 있어요. 상품 종류가 많으니까 가서 구경해 보세요.

가전제품　스포츠 용품　남성복　여성복　패션 잡화　등산화　선풍기　귀걸이
매장　상품

2 어디에서 사면 좋을까요? 보기 와 같이 이야기하십시오.

동대문시장 옷 종류도 많고 값도 싸요.	**용산 전자 상가** 여러 가지 제품을 구경하고 싸게 살 수 있어요.	**서울 문고** 여러 종류의 책도 많고 예쁜 공책과 볼펜도 많아요.	**한강 백화점** 매장이 깨끗하고 지하 1층에 건강식품을 파는 매장이 있어요.

보기

가: **겨울옷을** 사야 하는데 어디에서 사면 좋을까요?

나: **동대문 시장에** 가 보세요.

가: **동대문 시장은** 어디에 있어요?

나: **동대문역사문화공원역에서** 가까워요.

가: 저는 아직 한 번도 안 가 봤어요.

나: **옷 종류도 많고 값도 싸니까** 한번 가 보세요.

가: 주말에 가 보고 싶은데 시간 있으면 같이 갈까요?

나: 네, 좋아요. 제가 같이 가서 안내해 드리겠어요.

가: **쇼핑을 하고 저녁도 같이 먹어요.**

나: 그럼 주말에 만나요.

건강식품　전자 상가　제품　문고　동대문역사문화공원역　안내하다

III. 써 봅시다

친구들에게 쇼핑 장소를 추천하려고 합니다. 그 장소에 대해 글을 쓰고 발표하십시오.

쇼핑 장소	
위치	
살 수 있는 물건	
그곳을 좋아하는 이유	

내가 쇼핑하러 가는 곳

여러분에게 쇼핑하기 좋은 곳을 알려 드리겠습니다. 저는 쇼핑을 하러 ________ 에 갑니다. ________ 은/는 ________ 에 있습니다. ________

제가 그곳을 좋아하는 이유는 여러 가지가 있습니다. 첫째, ________ 기 때문입니다. 둘째, ________ 셋째, ________

여러분들도 시간이 있으면 한번 가 보십시오.

제 발표는 여기까지입니다. 들어 주셔서 감사합니다.

첫째　둘째　셋째

1 보기 와 같이 이야기하십시오.

음식 이름	재료	요리법과 먹는 방법
감자탕	돼지 등뼈, 감자, 채소	돼지 등뼈와 감자와 채소를 끓여서 만들어요. 고기와 채소를 먹어요. 국물에다가 밥을 볶아서 먹어요.

보기

가: 노라 씨, 요즘 맛있게 먹은 음식이 있어요?
나: 네, 감자탕을 먹었는데 아주 맛있었어요.
가: 그래요? 감자탕은 어떤 음식이에요?
나: 돼지 등뼈와 감자와 채소로 만든 음식인데 정말 맛있어요.
가: 어떻게 만들어요?
나: 돼지 등뼈와 감자와 채소를 같이 끓여서 만들어요.
가: 저는 먹어 본 적이 없어서 한번 먹어 보고 싶네요.
나: 고기와 채소를 먹고 국물에다가 밥을 볶아서 먹으면 좋아요.
가: 정말 맛있겠네요. 다음에 같이 먹으러 가요.
나: 그래요. 좋아요.

2 다음 질문으로 친구와 이야기하십시오.

질문	친구	나
한국에서 어느 시장에 가 봤어요?		
왜 거기에 갔어요?		
거기에서 뭘 샀어요?		
그 시장에서 음식도 팔아요?		
무슨 음식을 사 먹었어요?		
거기에서 뭘 사면 좋을까요?		

감자탕　등뼈

3 한국에서 가 본 시장과 그 시장에서 먹은 음식을 소개하는 글을 쓰십시오.

연습하기

문화

한식 상차림

한식 상차림에서 밥은 왼쪽, 국은 오른쪽에 놓고 숟가락과 젓가락은 상의 오른쪽에 놓습니다. 한식 상차림에서 밥, 국, 김치, 찌개는 기본이고 더해지는 반찬 수에 따라서 3첩 반상, 5첩 반상, 7첩 반상, 9첩 반상이라고 불렀습니다. 손님을 초대하면 집주인은 상을 차린 후 손님들에게 "차린 것은 없지만 많이 드세요."라고 인사하고 초대 받은 사람들은 식사하기 전에 "잘 먹겠습니다."라고 인사합니다. 식사를 끝낼 때는 다른 사람들 모두 다 먹을 때까지 기다린 후에 "잘 먹었습니다."라고 인사하고 식사를 같이 끝냅니다.

1. **한식 상차림에서 밥과 국을 어느 쪽에 놓습니까?**
2. **여러분 나라에서는 식사하기 전에 하는 인사말이 있습니까?**

07과 쇼핑

1. 한번 입어 봐도 돼요?

• 학습 목표: 사고 싶은 물건에 대해 설명할 수 있다.

Ⅰ. 준비해 봅시다

- 이 사람들이 뭘 하고 있습니까?
- 여러분은 무슨 색 옷을 사고 싶습니까?

야기해 봅시다

1 옷 가게에서 옷을 사려고 합니다. 다음 표현을 사용하여 보기 와 같이 이야기하십시오.

옷 가게에 들어가서	옷을 입어 보기 전에	옷을 입어 본 후에
· **원피스** 좀 사려고요. · **양복** 좀 사고 싶어요. · **블라우스** 좀 보여 주세요. · **운동복** 있어요?	· 한번 입어 봐도 돼요? · 좀 입어 보고 싶어요. · 이거 입어 볼 수 있나요?	· 저한테 좀 **커요**. · 다른 색은 없나요? · 좀 **짧은** 것 같아요. · 괜찮네요. 이 옷 주세요.

보기

가: 어서 오세요. 뭘 찾으세요?

나: 원피스 좀 보여 주세요.

가: 이 분홍색 원피스 어떠세요? 요즘 유행이에요.

나: 한번 입어 봐도 돼요?

가: 네, 입어 보셔도 돼요.

…… (손님이 갈아입은 후) ……

어떠세요?

나: 좀 짧은 것 같아요.

원피스　블라우스　운동복　분홍색　유행이다　갈아입다

2 어떤 옷이 좋을까요? 보기와 같이 이야기하십시오.

①	②	③	④
주말에 여자 친구 부모님과 식사를 해요.	아르바이트 할 회사의 사장님을 만나러 가요.	첫 출근을 할 거예요.	친구의 결혼식에 가요.
모자 (×)	티셔츠 (×)	______ (×)	______ (×)

보기

가: 주말에 여자 친구 부모님과 식사를 해요. 어떻게 입으면 좋을까요?

나: 셔츠와 바지를 입는 게 어때요?

가: 그게 좋겠네요. 무슨 색이 좋을까요?

나: 파란색 셔츠가 어때요? 그리고 파란색 셔츠에는 회색 바지가 좋을 것 같아요.

가: 괜찮을 것 같네요. 신발은 어떻게 할까요?

나: 검은색 구두를 신으세요.

가: 네, 알겠어요. 정말 고마워요.

나: 참, 윗사람과 식사할 때 모자를 쓰면 안 돼요.

가: 그렇군요. 이야기해 줘서 고마워요.

나: 쇼핑 잘 하고 오세요.

점퍼 조끼 긴치마 청바지 반바지 스카프 샌들 첫 회색 윗사람

1. 써 봅시다

여러분이 사고 싶은 물건 세 가지를 골라 사고 싶은 이유를 쓰고 발표하십시오.

가장 사고 싶은 물건	
사고 싶은 이유	
두 번째로 사고 싶은 물건	
사고 싶은 이유	
세 번째로 사고 싶은 물건	
사고 싶은 이유	

내가 사고 싶은 세 가지 물건

제가 사고 싶은 물건 세 가지를 이야기하겠습니다.

가장 사고 싶은 것은 ______________ 입니다.

왜냐하면 ______________

______________ 기 때문입니다.

두 번째로 사고 싶은 것은 ______________ 입니다.

____

____

세 번째로 사고 싶은 것은 ______________ 입니다.

____

____

저는 돈을 모아서 꼭 그 물건들을 사겠습니다.

제 발표는 여기까지입니다. 들어 주셔서 감사합니다.

가장　두 번째　세 번째

07과

쇼핑

2. 얼마나 마음에 드는지 몰라요

• 학습 목표: 구입한 물건의 장단점을 설명할 수 있다.

Ⅰ. 준비해 봅시다

- 이 가방은 어떤 점이 좋습니까?
- 여러분이 산 물건 중에서 가장 좋아하는 것이 무엇입니까?

이야기해 봅시다

1 쇼핑한 물건에 대해 이야기합니다. 다음 표현을 사용하여 보기와 같이 이야기하십시오.

색깔	
밝아요	어두워요
연해요	진해요

디자인	
단순해요	복잡해요
귀여워요	화려해요

무늬	
꽃무늬예요	줄무늬예요
체크무늬예요	얼룩무늬예요
물방울무늬예요	무늬가 없어요

사이즈	
커요	작아요
잘 맞아요	안 맞아요

① **이태원** / 원피스 ② **명동** / 셔츠 ③ **강남역** / ④ / 가방

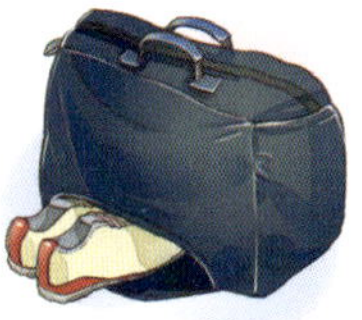

보기

가: 주말에 뭐 했어요?

나: **이태원에서** 쇼핑했어요. **원피스를 새로 샀어요**.

가: 무슨 색이에요?

나: **빨간색인데** 색깔이 **진하고** 디자인이 **귀여워요**.

가: 무늬도 있어요?

나: 무늬는 **물방울무늬이고** 사이즈도 **잘 맞아서** 얼마나 마음에 드는지 몰라요.

색깔 밝다 어둡다 연하다 진하다 디자인 단순하다 화려하다 무늬
꽃무늬 줄무늬 체크무늬 얼룩무늬 물방울무늬 사이즈 맞다 마음에 들다

2 쇼핑한 물건의 좋은 점에 대해 보기 와 같이 이야기하십시오.

1	2	3	4

· 색깔이 진해서 쉽게 더러워지지 않아요. · 주머니가 많아서 편해요. · 사이즈가 커요.	· 제가 좋아하는 파란색이에요. · 길어서 따뜻해요. · 무늬가 ______	· 제 치마에 잘 맞는 색깔이에요. · ______ · ______	· ______ · ______ · ______

보기

가: 가방을 새로 사셨군요! 처음 보는 거예요.
나: 지난주에 샀어요. 어때요? 괜찮아요?
가: 네, 좋아요. 비쌀 것 같아요.
나: 세일을 해서 얼마나 싸게 샀는지 몰라요.
가: 잘 사셨네요. 색깔이 참 좋아요.
나: 색깔이 진해서 쉽게 더러워지지 않아요.
가: 디자인도 좋고요.
나: 맞아요. 그리고 주머니가 많아서 편해요.
가: 가방이 마음에 들어요?.
나: 네, 사이즈가 커서 얼마나 마음에 드는지 몰라요.

III. 써 봅시다

한국에서 산 물건 중에서 제일 좋아하는 물건이 무엇입니까? 친구와 같이 이야기하고 그 물건에 대해 쓰십시오

질문	친구	나
뭘 샀어요?		
언제 샀어요?		
어디에서 샀어요?		
어떤 점이 마음에 들어요?		
마음에 안 드는 점도 있어요?		

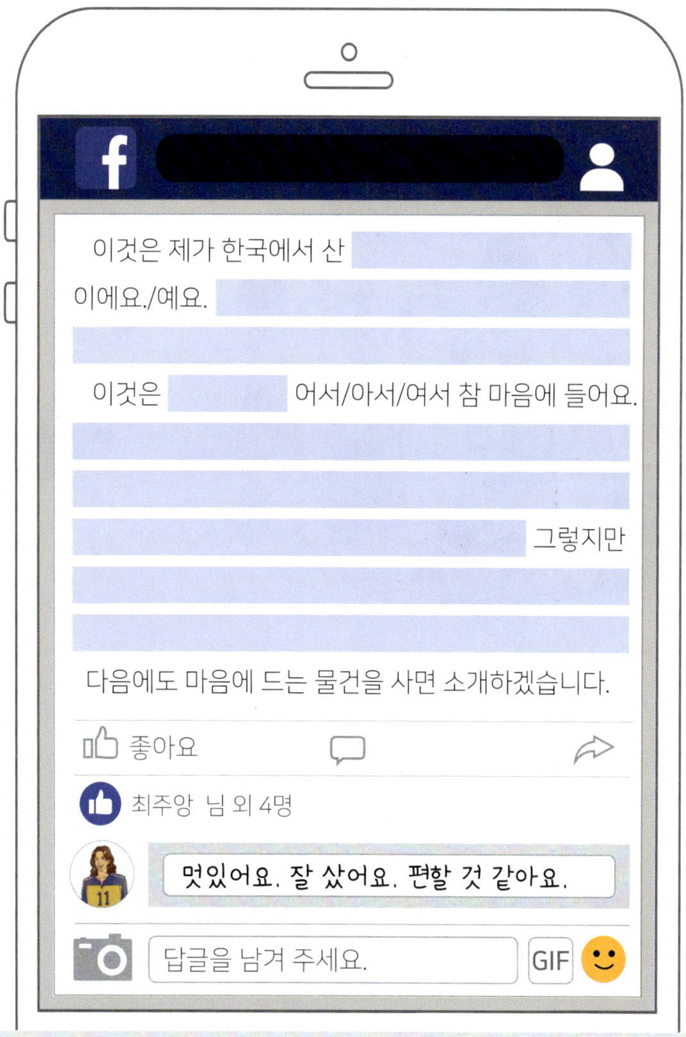

답글

08과

초대

1. 친구들과 같이 송별회를 할까 해

• 학습 목표: 모임에 대해 설명하고 초대할 수 있다.

Ⅰ. 준비해 봅시다

- 이 사람들이 무엇을 하고 있습니까?
- 여러분은 어떤 모임에 가 봤습니까?

이야기해 봅시다

1 모임에 친구를 초대하려고 합니다. 보기 와 같이 이야기하십시오.

목	금	토	일
14	15 ① **웨이 송별회** 연세 식당 (저녁 7시)	16 ② **생일 파티** 우리 집 (저녁 6시)	17
21	22 ③ **영화 동호회 모임** 카페 하루 (오후 5시)	23	24 ④ **외국인 유학생 모임** 수라 식당 (오후 2시)

보기

가: 유키, **이번 주 금요일 오후에** 시간이 있어?

나: 응, 왜? 무슨 일 있어?

가: **웨이 송별회를** 할까 해.

나: 그래? 어디에서 할 거야?

가: 장소는 **연세 식당이고** **저녁 7시부터** 할까 하는데 너도 왔으면 좋겠어.

나: 알았어, 나도 갈 수 있을 것 같아.

송별회 동호회 모임 유학생

2 초대 메시지를 받았습니다. 보기 와 같이 이야기하십시오.

①

동창회에 초대합니다.

오랜만에
친구들과 만나요.

시간: 6월 19일 금요일
저녁 7시-9시
장소: 신촌 갈비
회비: 20,000원

②

영화 동호회
'보고 또 보고'와
함께 해요.

한국 영화도 보고
한국말도 배울 수 있어요.

시간: 6월 20일 토요일
오후 1시
장소: 여의도 극장
회비: 25,000원

③

한국 생활 동아리
'한국 좋아'와 함께 하는
소풍에 초대합니다.
한국 친구도 사귀고
소풍도 같이 가요.

시간: 6월 21일 일요일
오전 11시
장소: 서울숲
준비할 것: 도시락, 음료

④

외국인 동아리
'우리'의 연극과 뒤풀이,
모두 함께 해요!
연극도 보고 뒤풀이도
함께 할 수 있어요.

시간: 6월 21일 일요일
오후 5시
장소: 홍대 극장 마당
회비: 15,000원

보기

가: 너 동창회 초대 메시지 받았어?
나: 응, 받았어. 이번 주 금요일이지?
가: 맞아, 갈 수 있어?
나: 응, 특별한 일이 없으면 갈까 해.
가: 오랜만에 친구들을 만날 수 있으니까 같이 가.
나: 그래. 어디에서 만날까?
가: 모임 장소가 신촌이니까 신촌 지하철역에서 만났으면 좋겠어.
나: 좋아. 그런데 회비가 얼마지?
가: 회비는 20000원이야.
나: 기대가 되네.

동창회 초대하다 회비 여의도 동아리 서울숲 도시락 연극 뒤풀이
특별하다 기대가 되다

III. 써 봅시다

다음 중 무슨 모임을 하겠습니까? 모임 계획을 세우고 초대하는 글을 쓰십시오.

무슨 모임을 할까?	□ 유학생 모임 □ 동호회 □ 파티 □ 가수/배우 팬 모임 □
누구를 초대할까?	
모임에서 뭘 할까?	
언제 할까?	
어디에서 할까?	
회비는 얼마가 좋을까?	

__________에 초대합니다.

요즘 한국 생활이 재미있습니까? 한국 생활을 즐겁게 해 줄 모임이 있습니다!

모임에 오시면

__________을/ㄹ 수 있습니다. 날짜는 __________이고 시간은 __________입니다. 모임 장소는 __________입니다. 회비는

한국 생활을 더 재미있게 하고 싶은 분들은 모두 오셨으면 좋겠습니다. 더 알고 싶은 것이 있으면 연락해 주세요.

연락처:

팬

08과 초대

2. 케이크를 만들어 가지고 갈 거야

• 학습 목표: 여러 가지 상황에 맞는 선물을 추천할 수 있다.

Ⅰ. 준비해 봅시다

- 여러분은 다른 사람에게서 초대를 받은 적이 있습니까?
- 초대를 받으면 무슨 선물을 가지고 가겠습니까?

이야기해 봅시다

1 초대를 받아서 선물을 준비하려고 합니다. 보기 와 같이 이야기하십시오.

① 친구의 결혼 축하 모임

찻잔

벌써 준비했을 거예요.

커플 티셔츠

② 중국 친구의 집들이

벽시계

중국에서는 벽시계를 선물하지 않아요.

향초

③ 친구 아기의 돌잔치

금반지

너무 비싸요.

?

④ 선배의 대학원 졸업식

꽃다발

만년필

보기

가: 친구의 결혼 축하 모임에 초대를 받았어. 무슨 선물이 좋을까?

나: 네가 생각하고 있는 선물은 뭐야?

가: 나는 찻잔을 사 가지고 갈까 하는데 어때?

나: 찻잔은 선물하지 마. 벌써 준비했을 거야.

가: 그럼 어떤 선물이 좋을까?

나: 커플 티셔츠는 어때? 받으면 좋아할 거야.

찻잔　집들이　벽시계　향초　돌잔치　금반지　선배　만년필

2 모임에 초대를 받은 두 사람이 선물을 준비하려고 합니다. 보기 와 같이 이야기하십시오.

① 노라의 생일 파티	② 리에의 송별회
③ 민철 선배의 결혼식	④ 윤아의 집들이

보기

가: 여보세요? **주앙,** 나 **유키야.**

나: 응, **유키야.** 무슨 일이야?

가: 너도 **노라의 생일 파티에** 초대 받았지?

나: 응, 너는 무슨 선물을 준비할 거야?

가: 나는 **향수를 살까** 하는데 너는?

나: 나는 **케이크를 만들어 가지고** 갈 거야.

가: 우리 파티에 가기 전에 만나서 **꽃다발도 사 가지고 갈까?**

나: 그래. 그것도 좋겠네.

가: 그럼 내일 만나서 **같이 가.**

나: 응, 내일 봐.

목욕용품　주방용품　쿠션　세제　와인　쿠키　화분

III. 써 봅시다

친구들과 문자 메시지로 대화하고 있습니다. 문자 메시지를 읽고 무슨 선물이 좋을지 답글을 쓰십시오.

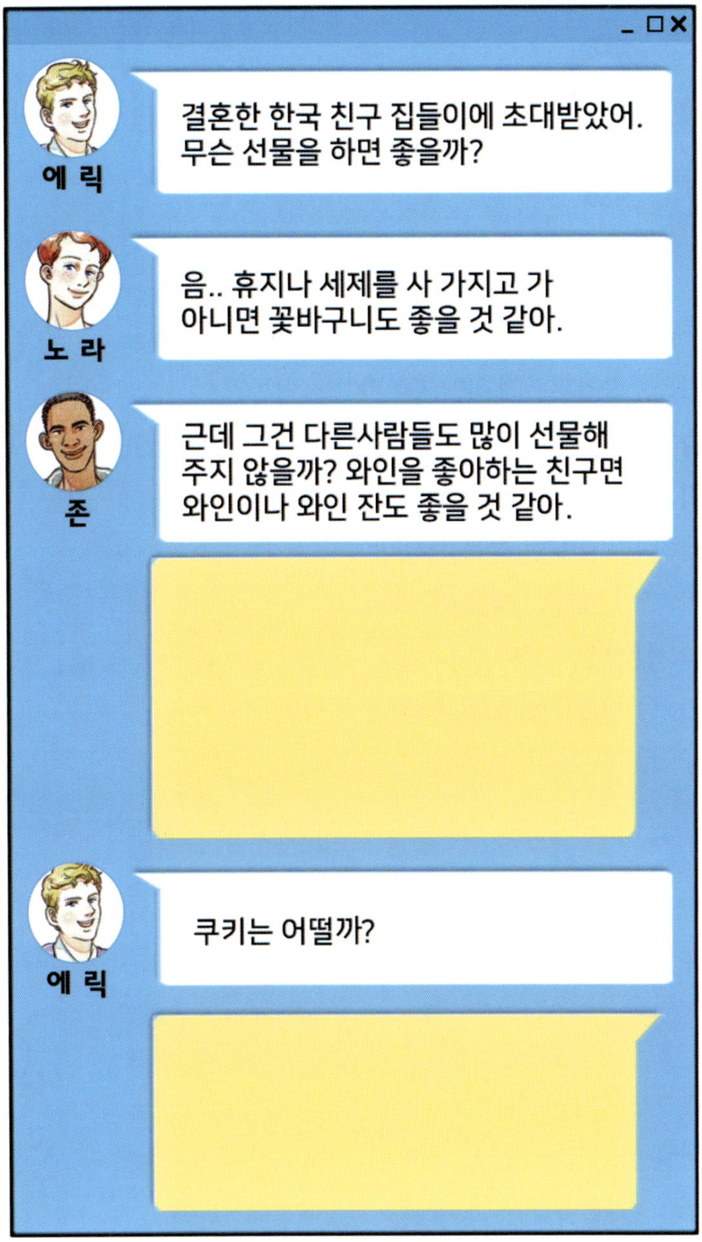

꽃바구니

복습 7-8과

1 보기 와 같이 이야기하십시오.

입고 있는 옷	디자인	색	더 살 것
	단순한 디자인	어두운 색 x → 밝은 색 ○	까만색 구두

보기

가: 이 블라우스에 어떤 치마가 어울릴까?
나: 블라우스의 디자인이 화려하니까 치마의 디자인은 단순한 게 좋을 것 같아.
가: 색은 어두운 색이 좋겠지?
나: 아니, 어두운 색은 사지 마.
가: 그럼 조금 밝은 색을 사야겠다.
나: 신발도 살 거야?
가: 응, 신발은 까만색 구두를 살까 해.
나: 그래. 그럼 같이 보러 가자.

2 다음 질문으로 친구와 이야기하십시오.

질문	친구	나
유학생 바자회를 언제 할까?		
어디에서 할까?		
누구를 초대할까?		
같이 무엇을 할까?		
초대장에 무슨 내용을 쓸까?		

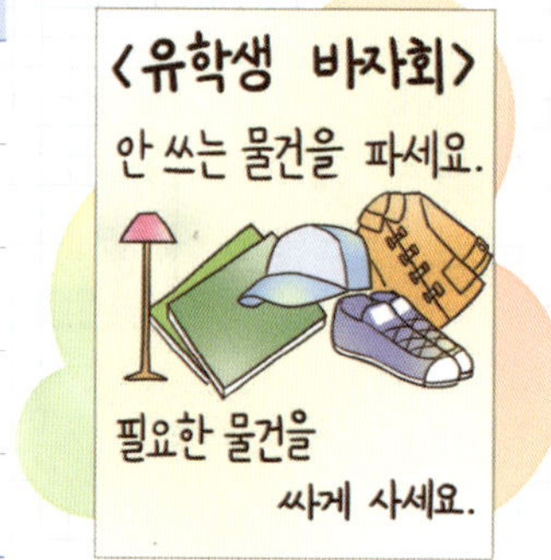

어울리다 바자회 초대장

3 모임에 초대하는 글을 쓰십시오.

연습하기

한국의 옷과 신발 치수

문화

한국에서 옷이나 신발을 산 적이 있습니까? 한국에서 옷 치수는 숫자를 사용하여 85, 90, 95, 100, 105, 110이라고 합니다. "90 사이즈 주세요."라고 하거나 "저는 100을 입어요."라고 말합니다. 여성 정장의 치수는 44, 55, 66, 77, 88 등의 숫자를 사용하여 "이 정장 66(육육) 사이즈 있어요?"라고 이야기합니다. 또 XS, S, M, L, XL, XXL를 사용하여 "이 티셔츠 L(라지) 사이즈 있어요?"라고 이야기할 수도 있습니다. 그리고 한국의 신발 치수는 230, 235, 240, 245, 250, 270, 275(mm)를 사용하여 "이 운동화 240밀리 있어요?"라고 하거나 "이 구두 270 주세요."라고 이야기합니다.

		S	M	L	XL	XXL
한국		90(55)	95(66)	100(77)	105(88)	110
중국		36	38	39	42	44
일본	여	55	66	77	88L	-
	남	M/38	L/40	LL(XL)42	44	46
미국	여	4	6	8	10	12
	남	90-95	95-100	100-105	105-110	110~
프랑스	여	36	38	40	42	44
	남	46	48	50	52	54

1. 한국에서 옷이나 신발을 살 때 치수를 어떻게 말해요?
2. 여러분 나라에서는 옷과 신발의 치수는 어떻게 말해요?

09과 약속

1. 11시에 하늘 공원에서 만나는 게 어떠니?

• 학습 목표: 약속 시간과 약속 장소를 정할 수 있다.

Ⅰ. 준비해 봅시다

- 노라와 흐엉이 몇 시에 어디에서 약속이 있습니까?
- 여러분은 약속을 하면 보통 어디에서 친구를 만납니까?

이야기해 봅시다

1 친구와 약속을 하려고 합니다. 다음 표현을 사용하여 보기 와 같이 이야기하십시오.

이야기를 시작할 때	대답할 때
· **주말에** 시간 있니?	· 시간 있는데 왜?
· **주말에** 약속 있니?	· 약속 없는데 왜?
· **주말에** 뭐 할 거니?	· 특별한 일 없는데 왜?

①

②

③

④

보기

가: 드디어 금요일이다! 주말에 **뭐 할 거니**?

나: **특별한 일 없는데 왜**?

가: 나는 **공원에서 자전거를 탈까 하는데** 같이 **탈까**?

나: 그래, 좋아.

가: 그럼 **11시에 하늘 공원에서** 만나는 게 어떠니?

나: 그래, 거기로 갈게.

드디어

2 에릭이 친구와 전화로 약속을 합니다. 보기 와 같이 이야기하십시오.

	누구와	언제	무엇을	약속 시간 / 약속 장소
1	 유키	일요일	북한산 등산	아침 9시/신촌역 2번 출구
2	 존	금요일	한국 요리 교실	저녁 7시/서울 문화 센터
3	 윤아	토요일	영화 보기	/
4				/

보기

가: 여보세요? **유키니**? 나 에릭이야.

나: 응, 무슨 일이니?

가: 너 이번 주 **일요일에 시간 있니**?

나: 응, **시간 있는데 왜**?

가: **북한산으로 등산을 가려고 하는데 너도 같이 가는** 게 어떠니?

나: 좋아. 특별한 일 없어서 **집에서 쉴까** 했어.

가: 잘됐다. 같이 가.

나: 몇 시까지 어디로 가면 되니?

가: **아침 9시에 신촌역 2번 출구 앞에서** 만나.

나: 알았다. **9시까지** 갈게.

북한산　문화 센터

III. 써 봅시다

지난 주말에 누구를 만났습니까? 그 사람과 무엇을 했는지 이야기하고 일기를 쓰십시오.

질문	친구	나
누구를 만났니?		
언제 만났니?		
어디에서 만났니?		
날씨가 어땠니?		
같이 무엇을 했니?		

나의 일기

월 일 요일 날씨

을/를 만났다.

09과 약속

2. 급한 일이 생겨서 약속을 지키지 못하게 됐어

• 학습 목표: 약속을 취소하거나 변경할 수 있다.

Ⅰ. 준비해 봅시다

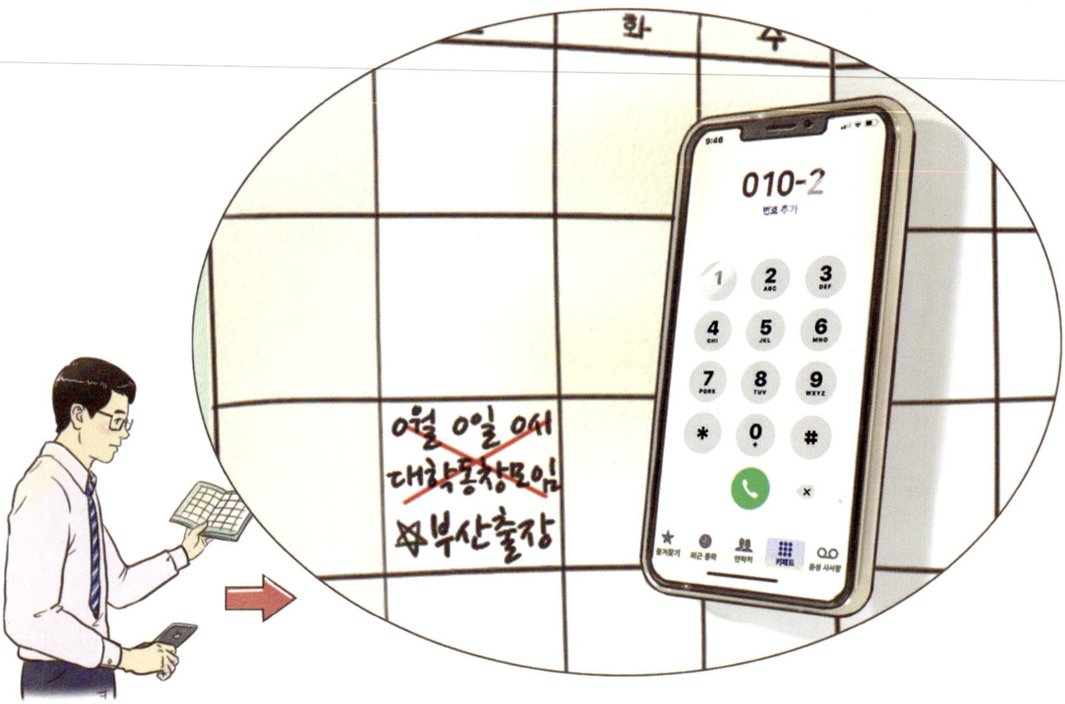

- 이 사람이 친구에게 전화해서 무슨 말을 할 것 같습니까?
- 여러분은 약속을 취소한 적이 있습니까?

이야기해 봅시다

1 후배와 한 약속을 지킬 수 없어서 약속을 취소해야 합니다. 다음 표현을 사용하여 보기 와 같이 이야기하십시오.

이야기를 시작할 때	약속을 취소할 때
· 우리 약속 있지? · 우리 약속 말이야. · 우리 약속 때문에 전화했어.	· 미안하지만 못 갈 것 같다. · 약속을 지키지 못하게 됐어. 미안하다. · 약속을 취소해야 할 것 같다. 미안하다.

보기

가: 여보세요? 나 에릭이야. 우리 약속 말이야.

나: 네. 무슨 일이 있어요?

가: 미안하지만 못 갈 것 같다.

나: 네? 왜요?

가: 갑자기 급한 일이 생겨서 약속을 지키지 못하게 됐어.
다음에 보자.

나: 네. 알겠어요. 다음에 만나야겠네요.

취소하다　갑자기　급하다　생기다

2 친구와 한 약속을 변경해야 합니다. 보기 와 같이 이야기하십시오.

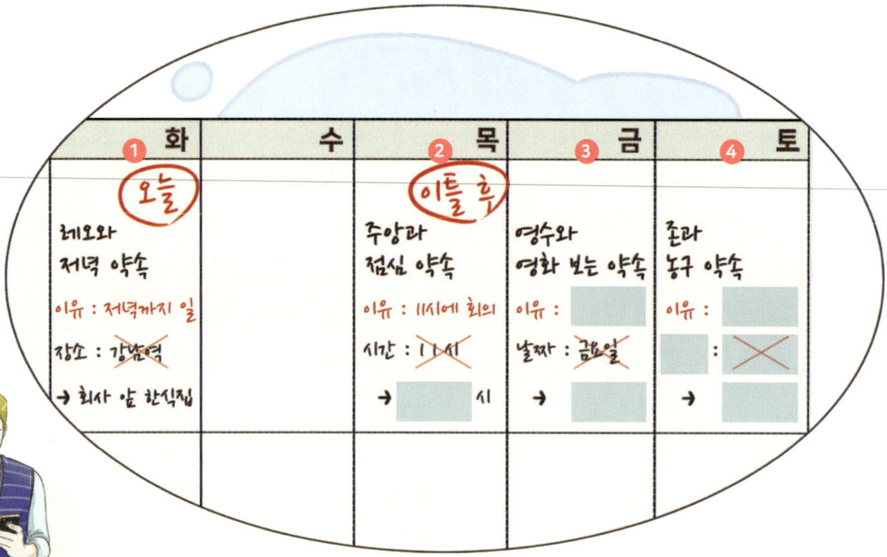

보기

가: 여보세요? 레오지? 나 에릭이야.
오늘 저녁 약속 때문에 전화했어.

나: 응, 무슨 일이니?

가: 미안하지만 강남역에 못 갈 것 같다.

나: 왜?

가: 저녁까지 일을 하게 됐어.

나: 그러니? 그럼 어떻게 하지?

가: 미안하지만 약속 장소를 좀 바꿨으면 좋겠다. 강남역은 안 될 것 같은데
회사 앞 한식집은 어때? 괜찮니?

나: 응, 괜찮아.

가: 그럼 거기에서 보자.

나: 그러자. 늦지 마라.

이틀

Ⅲ. 써 봅시다

후배와 한 약속을 지킬 수 없게 되었습니다. 약속을 취소하는 문자 메시지와 변경하는 문자 메시지를 쓰십시오.

<약속 취소>

시작하는 말 →

약속을 취소하는 말 →

약속을 취소하는 이유 →

끝인사 →

<약속 바꾸기>

← 시작하는 말

← 약속을 바꾸는 말

← 약속을 바꾸는 이유

← 약속 시간 약속 장소

← 끝인사

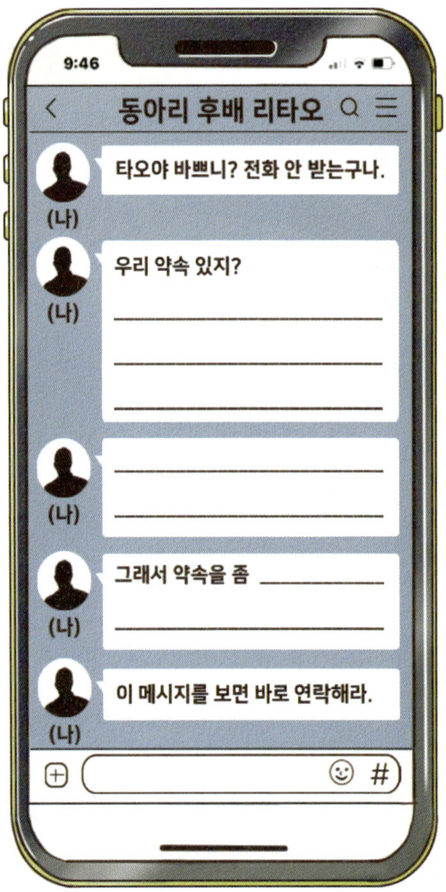

후배 끝인사

10과 부탁

1. 미안한데 숙제 좀 도와줄래?

• 학습 목표: 가까운 사람에게 개인적인 부탁을 할 수 있다.

Ⅰ. 준비해 봅시다

- 이 사람들에게 무슨 문제가 있습니까?
- 여러분은 이럴 때 누구에게 이야기하겠습니까?

이야기해 봅시다

1 친구에게 부탁을 하려고 합니다. 다음 표현을 사용하여 보기와 같이 이야기하십시오.

부탁을 하기 전에	부탁을 할 때
· 지금 바빠? · 잠깐 시간 있어? · 할 말이 좀 있는데…….	· **숙제** 좀 **도와줄** 수 있니? · 미안한데 **숙제** 좀 **도와줄래?** · 부탁이 있는데 **숙제** 좀 **도와줄** 수 있어?

보기

가: 주앙, 잠깐 시간 있어?

나: 왜? 무슨 일이야?

가: 혼자 숙제하기가 어려워. 미안한데 숙제 좀 도와줄래?

나: 응, 도와줄게.

가: 고마워. 내가 커피 살게.

나: 아니야, 괜찮아.

부탁하다 도와주다 잃어버리다

2 친구에게 부탁할 일이 있습니다. 보기 와 같이 이야기하십시오.

① ·노트북을 써야 하는데 내 노트북에 문제가 좀 생겼어.
·사흘

② ·여행을 가는데 강아지를 봐 줄 사람이 없어.
·나흘

③ ·이사를 가는데 그 집에 바로 들어갈 수 없어.
· ______

④ · ______
· ______

보기

가: 지금 바빠?
나: 괜찮아. 무슨 일이야?
가: 미안한데 노트북 좀 빌려 줄 수 있어?
나: 왜?
가: 노트북을 써야 하는데 노트북에 문제가 좀 생겼어.
나: 얼마 동안?
가: 사흘쯤 빌렸으면 좋겠어.
나: 그래, 그렇게 해.
가: 고맙다. 내가 밥 살게.
나: 괜찮아.

문제 사흘 나흘 바로 빌려주다

III. 써 봅시다

급한 일이 생겨서 고향에 갔다가 와야 합니다. 친구에게 부탁하는 이메일을 쓰십시오.

제목	
첫인사	
고향에 가는 이유	
부탁하고 싶은 것	1.
	2.
끝인사	

보낸 사람 ______@______

받는 사람 ______@______

제　　목 나 ______ 이름 ______ 이야/야

______

안녕? 이번 주에도 일이 많니? 전화했는데 ______

내가 ______ 어서/아서/여서

고향에 가게 됐어. ______ 쯤 갔다가 올 거야. 그래서 부탁 좀 하려고 하는데 도와줄래? ______

______

______

그리고 부탁할 게 하나 더 있어. ______

______

______

너도 바쁠 것 같은데 이런 부탁을 해서 정말 미안하다. 고향에 갔다가 오면 내가

______

그럼 잘 지내고 있어. 내가 다시 연락할게. 안녕.

______ 씀

제목　첫인사

10과

부탁

2. 죄송합니다만 사진 좀 찍어 주실 수 있으세요?

• 학습 목표: 여러 상황에서 적절하게 부탁할 수 있다.

Ⅰ. 준비해 봅시다

- 이 사람들이 무슨 부탁을 하고 있을까요?
- 처음 보는 사람에게 부탁을 한 적이 있습니까?

이야기해 봅시다

1 부탁을 하려고 합니다. 다음 표현을 사용하여 보기 와 같이 이야기하십시오.

부탁을 하기 전에	
· 저 · 저기 · 저기요	· 부탁 드릴 게 있는데요.

부탁을 할 때	
· 실례지만 · 죄송하지만 · 죄송합니다만	· **사진 좀 찍어** 주세요. · **사진 좀 찍어** 주시겠습니까? · **사진 좀 찍어** 주실 수 있으세요?

1

2

3

4

보기

가: 저기요, 부탁 드릴 게 있는데요.

나: 네, 무슨 일이세요?

가: 죄송합니다만 사진 좀 찍어 주실 수 있으세요?

나: 네, 찍어 드릴게요.

가: 감사합니다.

나: 뭘요.

저 저기 저기요

2 윗사람에게 부탁을 하려고 합니다. 보기 와 같이 이야기하십시오.

❶ 회사 부장님께

이 서류를 다시 봐 주세요.
조금 고쳤습니다.

❷ 아르바이트 가게 사장님께

다음 주 아르바이트 시간을 좀 바꿔 주세요.
병원에 가야 합니다.

❸ 집주인 아저씨께

카드키를 다시 만들어 주세요.
잃어버렸어요.

❹ 학교 교수님께

보기

가: 저, 부장님. 드릴 말씀이 있는데 잠깐 시간 있으세요?

나: 무슨 일인가요?

가: 부탁 드릴 게 있어서요.

나: 네, 말해 보세요.

가: 죄송합니다만 서류를 다시 봐 주실 수 있으세요?

나: 음, 그래요? 왜요?

가: 제가 조금 고쳤습니다.

나: 알겠어요. 지금은 좀 바쁘니까 이따가 보고 연락해 줄게요.

가: 정말 감사합니다. 갑자기 부탁을 드려서 죄송합니다.

나: 아니에요. 괜찮습니다.

부장 서류 음

III. 써 봅시다

윗사람에게 부탁한 적이 있습니까? 무엇을 어떻게 부탁했는지 이야기하고 일기를 쓰십시오.

질문	친구	나
누구에게 부탁을 했어요?		
무슨 부탁을 했어요?		
부탁할 때 무슨 말을 했어요?		
부탁할 때 무엇이 어려웠어요?		

나의 일기

월 일 요일 날씨

께 인사를 드리러 갔다.

복습 9-10과

1 보기와 같이 이야기하십시오.

부탁	약속 시간	약속 장소
집을 알아보려고 하는데 같이 가 줄래?	이번 주 토요일 오전 11시	신촌 커피숍

보기

가: 저, 하늘아, 부탁이 좀 있는데…….
나: 응, 뭐야? 말해 봐.
가: 이사할 집을 알아보려고 하는데 같이 가 줄래?
나: 아, 그래? 알았어. 같이 가 줄게.
가: 정말 고마워. 내가 맛있는 저녁 살게.
나: 아니야, 괜찮아. 언제 만날까?
가: 이번 주 토요일 오전 11시에 신촌 커피숍에서 만나는 게 어때?
나: 그래 좋아. 토요일에 거기서 보자.

2 다음 질문으로 친구와 이야기하십시오.

질문	친구	나
약속을 바꾼 적이 있습니까?		
무슨 약속이었습니까?		
왜 바꿨습니까?		
언제로/어디로 바꿨습니까?		
약속을 바꿀 때 친구한테 어떻게 말했습니까?		

3 약속을 바꾼 일에 대해 일기를 쓰십시오.

연습하기

문화

부탁 예절

선생님께 추천서를 부탁 드릴 때 여러분이 알아야 하는 예절을 소개하겠습니다. 먼저 선생님께 인사를 드리면서 여러분을 소개합니다. 그 다음에 여러분이 부탁할 내용을 말씀 드립니다. "바쁘시겠지만 추천서 좀 부탁 드려도 될까요?", "죄송합니다만 추천서 좀 써 주실 수 있으세요?" 등의 표현을 사용하는 것이 좋습니다. 이때 여러분이 지원하는 학교의 이름과 전공도 자세히 말씀 드립니다. 그리고 선생님과 만날 시간과 장소를 정한 후에 선생님을 직접 찾아뵙고 "감사합니다. 열심히 준비해서 좋은 결과를 가지고 다시 연락 드리겠습니다." 라고 감사 인사를 합니다.

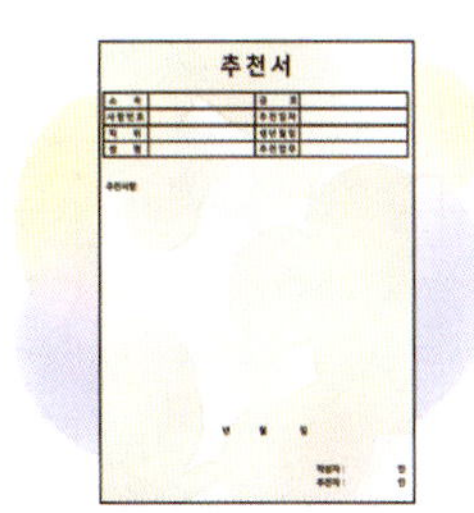
추천서

1. **한국에서 윗사람에게 부탁할 때 어떻게 말합니까?**
2. **여러분도 윗사람에게 부탁을 해 본 적이 있습니까?**

부록

모범 답안
색인

모범 답안

1 인사와 소개

1-1 과제 3

<나의 한국 생활>

저는 베트남에서 온 흐엉입니다. 저는 3개월 전에 한국말을 공부하고 싶어서 한국에 왔습니다.

저는 요즘 한국에서 즐겁게 지냅니다. 한국 생활에 많이 익숙해졌습니다. 처음에는 한국어 공부가 어려웠지만 이제는 재미있습니다. 친구들도 많이 사귀었습니다.

주말에는 보통 친구들과 식사도 하고 이야기도 많이 합니다. 한국에서 친구도 많이 사귀고 한국어 공부도 열심히 하고 즐겁게 지내려고 합니다.

1-2 과제 3

<한국어를 배운 후의 계획>

저는 노르웨이에서 온 노라입니다.

저는 한국어 공부를 시작한 지 3개월 됐습니다. 처음에는 한국 텔레비전 프로그램을 보고 재미있어서 한국어 공부를 시작했습니다.

지금은 한국에서 대학원에 들어가서 신문 방송학을 전공하려고 한국어를 공부하고 있습니다.

앞으로 한국어를 다 배운 후에는 방송국에서 일하고 싶습니다.

여기까지 한국어를 배운 후의 저의 계획 이야기였습니다.

들어 주셔서 고맙습니다.

2 친구와 가족

2-1 과제 3

<내 친구>

제 친구를 소개하겠습니다. 친구 이름은 김리나입니다. 저는 리나를 만난 지 5년 됐습니다. 우리는 대학교에서 처음 만났습니다.

제 친구 리나는 예쁘고 키가 큽니다. 머리가 짧고 눈이 큽니다. 그리고 리나는 성격이 아주 좋습니다. 리나는 말이 많지 않지만 리나와 같이 있으면 마음이 편하고 즐겁습니다.

리나는 노래를 아주 잘 불러서 우리는 만나면 같이 노래방에 갑니다. 리나는 요리도 잘 하고 운동도 잘 합니다. 저는 리나를 아주 좋아합니다.

여기까지 제가 좋아하는 친구 김리나 소개였습니다. 감사합니다.

2-2 과제 3

<아플 때 보고 싶은 사람>

제가 아플 때 제일 보고 싶은 사람은 제 외할머니입니다. 외할머니께서는 제가 아플 때 항상 따뜻하고 맛있는 음식을 만들어 주셔서 외할머니가 가장 많이 생각납니다.

외할머니는 주부이십니다. 음식도 잘 하시고 옷도 잘 만드십시다. 외할머니는 산책을 좋아하셔서 시간이 있을 때마다 집 근처 공원에 산책을 가십니다. 외할머니를 만난 지 오래돼서 빨리 고향에 가서 외할머니와 즐거운 시간을 보내고 싶습니다.

1과-2과 복습 과제 3

<자기 소개>

저는 중국 베이징에서 온 타오입니다. 한국어 공부를 한 지 3개월 됐습니다. 저는 한국에서 대학교에 입학하려고 한국어를 공부합니다. 한국어를 공부할 때 제일 힘든 것은 발음입니다. 한국어 발음하고 중국어 발음이 달라서 힘들 때가 있습니다.

한국 생활이 재미있지만 한국에서 혼자 사는 것은 조금 힘듭니다. 힘들 때 생각나는 사람은 고향에 계신 할머니입니다. 할머니를 생각하면 마음이 따뜻해집니다.

저는 한국어를 배운 후에 한국의 대학교에서 신문 방송학을 전공하려고 합니다. 졸업한 후에는 대학원에 가서 공부를 더 하고 싶습니다.

3 고향

3-1 과제 3

<나의 고향 강릉>

제 고향은 한국의 강릉입니다. 여러분은 제 고향에 가 보셨습니까?

제 고향은 강원도에 있습니다. 제 고향의 동쪽에는 바다가 있고 서쪽에는 산이 있습니다.

제 고향은 유명한 관광지입니다. 경치가 아름다운 해수욕장이 있습니다. 해산물도 많습니다. 구경거리도 많습니다. 여름에는 제 고향 강릉의 해수욕장에 관광객들이 많이 옵니다.

여러분도 제 고향에 꼭 한번 오세요.

제 고향 이야기를 들어 주셔서 고맙습니다.

3-2 과제 3

<내 고향 소개>

저는 중국 베이징에서 왔습니다. 제 고향 베이징은 중국 북동부에 있습니다. 제 고향은 중국의 수도이고 사람이 많고 복잡합니다.

서울 날씨는 제 고향 날씨와 조금 다릅니다. 서울은 겨울에 눈이 많이 오는데 베이징은 눈이 많이 오지 않습니다.

우리 고향에서는 베이징덕이 유명합니다. 베이징에 오면 꼭 드세요. 그리고 우리 고향에서 꼭 구경할 곳은 만리장성입니다. 그곳은 경치가 아름답고 유명하기 때문에 구경하는 사람이 많습니다.

4 집

4-1 과제 3

<내가 살고 싶은 집>

저는 바닷가에 있는 아파트에서 살고 싶습니다. 그리고 그 집이 부산에 있었으면 좋겠습니다. 제가 바다를 좋아하기 때문입니다.

집은 크고 넓었으면 좋겠습니다. 그리고 방이 많았으면 좋겠습니다. 방이 많이 있으면 친구나 가족이 한국에 왔을 때 우리 집에서 같이 지낼 수 있습니다. 그리고 거실이 넓었으면 좋겠습니다. 거실에서 바다를 볼 수 있으면 좋을 것 같습니다. 요리를 자주 하지 않아서 작은 부엌도 괜찮습니다. 집 안에 침대, 에어컨, 책상, 냉장고, 텔레비전, 오븐이 있었으면 좋겠습니다.

집 근처에는 백화점이 있었으면 좋겠습니다. 저는 쇼핑을 좋아하기 때문에 백화점이 집 근처에 있으면 좋을 것 같습니다.

4-2 과제 3

<룸메이트를 찾습니다>

같이 살 룸메이트를 찾습니다.

제가 살고 있는 집은 아주 좋습니다.

우리 집은 아파트이고 연희동에 있습니다. 7층이고 엘리베이터가 있습니다. 월세는 한 달에 40만 원입니다. 교통은 아파트에서 버스 정류장이 가깝고 버스도 많아서 편리합니다. 집에는 방 두 개와 욕실, 거실, 부엌이 있고 TV와 에어컨과 세탁기도 있습니다.

같이 살면 식사 준비는 따로 하고 청소는 주말에 같이 했으면 좋겠습니다.
집을 보고 싶으면 이메일이나 전화로 연락해 주세요.

3과-4과 복습 과제 3

<우리 집>

저는 신촌역 근처에 있는 원룸에서 살고 있습니다. 저는 이 원룸을 인터넷으로 찾았습니다. 이 집에서 산 지 4개월 됐습니다. 우리 집은 깨끗하고 월세도 비싸지 않아서 아주 좋습니다. 하지만 집이 좀 어두워서 가끔 낮에도 불을 켜야 합니다.

집에는 부엌과 욕실, 작은 베란다가 있고 세탁기와 에어컨도 있습니다. 집 근처에는 식당과 커피숍, 여러 가지 가게들이 많아서 생활하기가 편리합니다.

5 음식

5-1 과제 3

<내가 가장 좋아하는 음식>

제가 가장 좋아하는 한국 음식은 비빔밥입니다. 제가 그 음식을 좋아하는 이유는 건강에 좋기 때문입니다. 저는 2년 전에 한국에 여행을 왔을 때 비빔밥을 처음 먹어 봤습니다.

비빔밥은 여러 가지 채소와 고기로 만든 음식인데 조금 맵지만 맛있습니다. 그 음식을 먹을 때는 고추장을 넣고 비벼서 먹습니다. 비빔밥은 조금 맵지만 맛있습니다.

저는 비빔밥을 아주 좋아해서 일주일에 세 번쯤 먹습니다. 고향에 돌아가서도 비빔밥을 먹을 수 있었으면 좋겠습니다. 그래서 고향에 돌아가기 전에 비빔밥 만드는 법을 꼭 배우겠습니다.

5-2 과제 3

<나의 수제비 요리법>

여러분은 수제비를 아십니까? 수제비를 먹어 본 적이 있습니까?

이 음식은 제가 자주 만들어 먹는 음식인데 만들기 쉽고 국물이 따뜻해서 좋습니다.

이 음식의 재료로는 밀가루가 있어야 합니다. 그리고 감자, 호박, 양파, 멸치, 소금도 준비해야 합니다.

이제 요리법을 소개하겠습니다. 먼저 밀가루 한 컵하고 물 네 숟가락으로 반죽을 만들어서 냉장고에 넣습니다. 그다음에 물 세 컵에다가 멸치와 소금을 넣고 끓입니다. 국물이 끓으면 감자, 호박, 양파를 먹기 좋게 썰어 넣습니다. 그리고 밀가루 반죽을 얇게 뜯어 넣고 더 끓입니다. 더 맛있게 만들고 싶으면 국물에다가 다진 마늘을 조금 넣어서 끓이십시오.

맛이 맵지 않아서 아이들도 잘 먹습니다. 만들기가 생각보다 어렵지 않으니까 여러분도 한번 만들어 보세요.

끝까지 들어 주셔서 고맙습니다.

6 시장

6-1 과제 3

<내가 자주 가는 마트>

우리 집 근처에 마트가 있습니다. 거기에서는 여러 가지 물건을 많이 팝니다. 과일, 과자, 생활용품, 채소, 고기를 팝니다. 우유, 주스, 커피도 팝니다. 여러 나라 맥주도 팝니다. 마트는 오전 10시에 문을 열고 밤 12시에 문을 닫습니다. 한 달에 두 번 일요일에 쉽니다.

저는 거기에서 채소와 고기, 과자, 생수, 주스를 삽니다. 무거운 물건을 많이 사면 배달을 해 줍니다. 그 마트는 물건이 많고 넓어서 좋습니다. 그리고 마트 안에는 식당도 있습니다. 가끔 거기에서 밥을 먹습니다. 마트 근처에 옷 가게도 있어서 가끔 구경을 합니다.

불편한 점도 있습니다. 주말에 가면 사람이 많아서 좀 불편합니다. 계산할 때 오래 기다려야 합니다. 그래서 저는 주말에 가지 않고 수요일에 갑니다.

6-2 과제 3

<내가 쇼핑하러 가는 곳>

여러분에게 쇼핑하기 좋은 곳을 알려 드리겠습니다. 저는 쇼핑을 하러 고속 터미널 지하상가에 갑니다. 고속 터미널 지하상가는 고속터미널역에 있습니다. 지하철 3호선이나 7호선이나 9호선을 타고 고속터미널역에서 내리면 갈 수 있습니다.

제가 그곳을 좋아하는 이유는 여러 가지가 있습니다. 첫째, 물건의 종류가 정말 많아서 여러 가지 물건을 구경할 수 있기 때문입니다. 둘째, 가격이 별로 비싸지 않기 때문입니다. 셋째, 근처에 맛있는 식당이 많기 때문입니다.

여러분들도 시간이 있으면 한번 가 보십시오.

제 발표는 여기까지입니다. 들어 주셔서 감사합니다.

5과-6과 복습 과제 3

<내가 가 본 시장과 거기에서 먹은 음식>

저는 한국에서 남대문 시장에 가 봤습니다. 남대문 시장은 서울의 유명한 시장인데 우리 집에서 가깝습니다. 그래서 지난달에 친구와 같이 남대문 시장에 갔습니다. 남대문 시장은 크고 넓었지만 사람이 많아서 조금 복잡했습니다. 저는 거기에서 양말을 샀습니다. 양말 다섯 켤레에 만 원이었습니다. 싸고 예쁜 양말을 사서 기분이 좋았습니다.

그리고 남대문 시장에는 어묵, 호떡, 갈치조림 등 많은 음식이 있었습니다. 저는 호떡을 사 먹었습니다. 호떡은 밀가루와 설탕, 땅콩 등을 넣고 만든 음식인데 달고 아주 맛있습니다. 겨울에 먹으면 더 좋을 것 같습니다. 남대문 시장에는 화장품 가게도 있고 옷 가게도 있습니다. 예쁜 액세서리도 많아서 선물로 사서 친구에게 주면 좋을 것 같습니다.

7 쇼핑

7-1 과제 3

<내가 사고 싶은 세 가지 물건>

제가 사고 싶은 물건 세 가지를 이야기하겠습니다.

가장 사고 싶은 것은 노트북 컴퓨터입니다. 왜냐하면 고향에서 가지고 온 컴퓨터가 있지만 가지고 다니기 불편하기 때문입니다. 그래서 도서관이나 커피숍에서도 쓸 수 있는 노트북 컴퓨터를 사고 싶습니다.

두 번째로 사고 싶은 것은 여행 가방입니다. 이번 방학에 친구들과 여행을 가려고 하는데 여행 가방이 없기 때문입니다. 크지만 가벼운 가방을 사고 싶습니다.

세 번째로 사고 싶은 것은 운동화입니다. 운동을 하고 싶기 때문입니다. 파란색 운동화를 사서 신고 공원에서 산책도 하고 등산도 하고 싶습니다. 저는 돈을 모아서 꼭 그 물건들을 사겠습니다.

제 발표는 여기까지입니다. 들어 주셔서 감사합니다.

7-2 과제 3

<한국에서 산 물건>

이것은 제가 한국에서 산 가방이에요. 2주 전에 친구하고 가로수길에 가서 샀어요. 가로수길에는 멋있는 옷과 신발, 가방을 파는 가게가 얼마나 많은지 몰라요.
이것은 사이즈가 커서 참 마음에 들어요. 요즘 공부할 것이 많은데 책을 많이 넣을 수 있어서 좋아요. 그리고 주머니가 많은 점도 아주 마음에 들어요. 주머니가 많기 때문에 지갑, 핸드폰, 거울, 열쇠 등 여러 가지 물건을 넣어도 쉽게 찾을 수 있어서 얼마나 편한지 몰라요. 그렇지만 색은 좀 마음에 들지 않아요. 밝은 회색인데 쉽게 더러워질 것 같아서 걱정이 되네요. 색이 더 어두웠으면 좋겠어요.
다음에도 마음에 드는 물건을 사면 여기에 소개하겠습니다.

8 초대

8-1 과제 3

<유학생 모임 '함께'에 초대합니다>

요즘 한국 생활이 재미있습니까? 한국 생활을 즐겁게 해 줄 모임이 있습니다!
한국에 살고 있는 외국인, 친구를 만나고 싶은 외국인을 초대합니다. 모임에 오시면 한국 생활에 대해서 같이 이야기하고 맛있는 음식을 같이 먹을 수 있습니다. 날짜는 11월 20일 금요일이고 시간은 저녁 6시입니다. 모임 장소는 수라 식당입니다. 회비는 20000원입니다. 준비할 것은 없습니다.
한국 생활을 더 재미있게 하고 싶은 분들은 모두 오셨으면 좋겠습니다. 더 알고 싶은 것이 있으면 연락해 주세요.
연락처: 010-1234-5678

8-2 과제 3

<문자 메시지>

- 목욕용품이나 세제는 어때? 결혼한 친구이니까 좋은 선물이 될 것 같아. 나도 옛날에 세제를 선물 받은 적이 있는데 이사를 하고 청소를 할 때 아주 잘 사용했어.
- 쿠키는 선물하지 마. 다른 사람들도 많이 선물할 거야.

7과-8과 복습 과제 3

<바자회에 초대하는 글>

12월 23일 토요일 오후 3시. 유학생 바자회를 합니다. 바자회 장소는 학생회관 앞입니다. 오고 싶은 분들은 모두 오십시오. 사용하지 않는 물건이나 입지 않는 옷, 읽지 않는 책이 있으면 가지고 와서 필요한 사람들에게 팔 수 있습니다. 물건을 판 돈은 좋은 일에 쓰려고 합니다. 많이 와 주시면 감사하겠습니다.

9 약속

9-1 과제 3

<나의 일기>

12월 16일 토요일 맑음
언어 교환 친구 준호를 만났다. 우리는 오전 11시에 광화문에서 만났다. 준호가 시험 준비 때문에 너무 바빠서 2주 동안 만나지 못했다. 오랜만에 준호의 얼굴을 봐서 더 반가웠다. 우리는 커피숍에서 두 시간쯤 언어 교환을 했다. 그리고 근처에 있는 한식집에 가서 점심을 먹었다. 좀 추웠지만 날씨가 맑아서 청계천을 구경했다. 놀러 나온 가족과 커플들이 많았다. 우리는 구경을 한 후에 영화를 보러 갔다. 코미디 영화를 봤는데 무척 재미있었다. 한국어를 더 공부해서 한국 영화도 많이 보고 싶다. 영화를 본 후 지하철을 타고 집으로 돌아왔다. 피곤하지만 즐거운 하루였다. 다음 주 약속도 기대가 된다.

9-2 과제 3

<학교 후배 정하늘에게 보내는 문자 메시지>

- 하늘아, 네가 전화를 안 받아서 문자 메시지를 보낸다.
- 우리 약속 말이야. 약속을 못 지킬 것 같다.
- 갑자기 회사에서 출장을 가게 됐어. 약속을 취소해서 미안하다.
- 연락 기다릴게.

<동아리 후배 리타오에게 보내는 문자 메시지>

- 타오야, 바쁘니? 전화 안 받는구나.
- 우리 약속 있지? 약속 시간을 바꿔야 할 것 같다.
- 내가 저녁에 어디에 좀 가게 돼서 30분쯤 늦을 것 같다.
- 그래서 약속을 좀 미뤘으면 좋겠다. 7시 반에 만났으면 좋겠는데 넌 어때? 괜찮니?
- 이 메시지를 보면 바로 연락해라.

10 부탁

10-1 과제 3

<나 히로에야>

지선아,
안녕? 이번 주에도 일이 많니? 전화했는데 받지 않아서 이메일을 보낸다.
내가 고향 집에 일이 좀 있어서 갑자기 고향에 가게 됐어. 일주일쯤 갔다가 올 거야. 그래서 부탁 좀 하려고 하는데 도와줄래? 내가 인터넷으로 산 물건이 있는데 아마 내일쯤 집에 올 거야. 우리 집에 가면 집 앞에 상자가 있을 거야. 그 상자를 좀 찾아서 집 안에 넣어 줬으면 좋겠어.
그리고 부탁할 게 하나 더 있어. 우리 집에 꽃과 작은 나무가 있어. 일주일 동안 물을 주지 않으면 다 죽을 것 같아. 우리 집에 가서 꽃과 나무에 물을 한 번 줄래? 너도 바쁠 것 같은데 이런 부탁을 해서 정말 미안하다. 고향에 갔다가 오면 내가 밥도 사고 커피도 살게.
그럼 잘 지내고 있어. 내가 다시 연락할게. 안녕.

히로에 씀

10-2 과제 3

<나의 일기>

11월 2일 금요일 맑음
지난 학기 한국어 선생님께 인사를 드리러 갔다. 대학원 입학 시험 준비 때문에 쓴 자기 소개서를 한번 읽어 봐 주시기를 부탁 드리고 싶었다.
나는 선생님께 내가 공부하고 싶은 전공 내용과 그동안 준비한 것도 말씀 드렸다. 오랜만에 만난 선생님께 한국말로 부탁을 드리기가 정말 어려웠다. 윗사람에게 부탁할 때 사용하는 한국말 표현도 잘 모르고 내가 실수를 할 것 같아서 걱정됐다. 그래도 선생님께서 웃으시면서 부탁을 들어주셔서 정말 기뻤다. 입학시험 준비를 더 열심히 해야겠다.

9과-10과 복습 과제 3

<나의 일기>

10월 5일 수요일 흐림
오늘 제임스에게 전화를 걸었다. 주말 약속을 지킬 수 없기 때문이었다. 제임스와 나는 이번 주 일요일에 등산을 할 계획이었다. 그런데 어제부터 다리가 너무 아파서 등산을 못할 것 같았다. 이번 주에는 병원에도 날마다 다녀야 할 것 같다. 그래서 제임스에게 전화를 해서 약속 날짜를 다음 주 일요일로 바꿨다. 약속 날짜를 바꾸면 제임스가 싫어할 것 같아서 걱정을 많이 했는데 제임스는 내 아픈 다리를 걱정했다. 착한 제임스. 빨리 다리가 좋아져서 제임스와 등산을 하고 싶다.

색인

어휘 색인

Japanese Version

새 연세한국어 말하기와 쓰기 2-1

별책부록

新しい延世韓国語 会話と書き

연세대학교 한국어학당 편

연세대학교 출판문화원

はじめに

延世大学の韓国語学堂は1959年に設立された韓国初の外国語としての韓国語教育機関である。延世大学の韓国語学堂はこれまでの歴史と名声に相応しく、様々な韓国語教材の編纂及び関連研究を行い、韓国語教育を先導してきた。これまで全世界から来た約147カ国の14万人に及ぶ韓国語学習者たちに韓国語と韓国文化を教えてきて、最近はオフラインの韓国語教育だけでなく、世界各国の韓国語学習者たちを対象にグローバルMOOC講座を開設して学習者たちから大きな反響を得ている。特に最近、早い速度で変化していく教育環境に合わせて新しい教授法と教授資料の開発に力を注ぐなど、弛まぬ努力をしている。

延世大学の韓国語学堂はこれまで一般目的の韓国語の学習者だけではなく、特殊目的の韓国語の学習者たちを対象に正規課程、短期課程、大学の韓国語課程など、多様な教育課程を開設及び運営しながら、学習者の要求に応える最上の教材を開発してきた。このような教材は国内外の韓国語教育機関で、教師と学習者たちの多様な要求を満足させ、良質の韓国語教授・学習のために広く使用されている。

延世大学韓国語学堂はこれまで最も大きな反響を受けてきた「延世韓国語」1級~6級の後を継ぐ新しい教材として「新しい延世韓国語」のシリーズを企画・出版することになった。この教材の開発のために韓国語教育現場の経験が豊富な専門の韓国語教育学者や教師らが大量に投入されたし、最上の韓国語教授法や学習者集団の要求についての理解をもとに開発作業が長期間に渡って遂行された。

今回出版された「新しい延世韓国語」のシリーズは全部6段階であり、各段階ごとに語彙と文法教材、会話と書き教材、聞き取りと読解教材で構成されている。「新しい延世韓国語語彙と文法」は韓国語の学習者たちが各々のレベルで最も必須的に身につけなければならない主要語彙と文法に対する理解と活用を中心に構成された。「新しい延世韓国語会話と書き」は、円滑な韓国語の意思疎通のために必ず必要な表現機能が遂行できるように会話、書きの課題を中心に構成された。また、「新しい延世韓国語聞き取りと読解」は聞き取りと読解の課題を中心に各々のレベルの習熟度に適切な理解能力を涵養させることができるように構成された。この3冊の教材は語彙・文法、表現、理解能力のバランスの取れた発 達を図るため、パッケージで共に使 用されることも可能であり、教育現場の環境や学習者のニーズに応じて別途で使われることもできる。また、語彙と文法教材の場合、別途の指針書が用意され、教育経験がやや不足した国内外の韓国語教師たちに役に立つ道しるべになれると考えられる。

延世大学の韓国語学堂はこれからも全世界の韓国語学習者たちのニーズと期待に応える教材開発のために最善をつくすつもりである。また、本教材が国内外で韓国語教育のために努力を惜しまない多くの教師と韓国語学習のために努力する全ての学習者たちに大いに役立ってほしい。

延世大学校言語研究教育院

韓国語学堂教材編纂委員会

凡例

1. この本は<新延世韓国語の語彙と文法2>、<新延世韓国語の聞き取りと読み2>と共に韓国語の初級学習者のための教材である。特に、<新延世韓国語の語彙と文法2>で習った文型と語彙を活用して会話と作文の表現練習ができるように構成された。

2. この本は韓国語の初級学習者が韓国語で話して書ける能力を育てるための表現能力開発の教材である。

3. この本は、全部で20課であり、各課は2つの項で構成され、合計40個の項がある。そして2つの課ごとに復習をすることができるように10個の復習項を構成した。各項はそれぞれ50分授業の分量で、この本は合計50個の項で構成されている。そして、二つの課ごとに韓国文化の紹介がある。

4. この本の各項は「題目・学習目標・準備してみましょう・話してみましょう・書いてみましょう」5段で構成された。復習項は先行学習された二つの課の主題と機能、語彙と文法を活用できるように三つの課題で構成されている。

5. 各課の題目は<新延世韓国語の語彙と文法2>と同様である。各項の題目は該当項の内容の中で、学習目標を表せる代表的な文章を使用した。

6. 学習目標は「-について話すことができる・説明することができる・紹介することができる」のように表現機能が表れるように記述した。

7. 「準備してみましょう」は、各項の「はじめに」に該当する。挿話を提示し、学習者の理解を深め2つの質問を通じて各項の具体的な内容を予測できるように構成した。質問は1つの挿話に関する質問と主題と関連した学習者の経験に関する一つの質問で構成されている。

8. 「話してみましょう」は<新延世韓国語語彙と文法2>で勉強した内容をテーマに述べることのできる会話練習で構成されている。初級学習者が実際の状況で意思疎通の目的を達成できるように多様な談話状況を扱おうとし、談話状況で有用な表現も提示して意思疎通能力の向上に役立てようとした。また、学習者の理解を深めるために練習ごとに全体的な対話の仕組みを示す例示を<例>として提示した。

9. 「書いてみましょう」は「書いて発表しなさい・話して書きなさい」のように、会話活動と書きの活動を連携した演習で構成されている。学習者たちがテキストの機能と類型による文の構造を身につけることができるようにテキストの構造表紙を提示し、「書いて発表しなさい」の場合には発表する時に有用な表現も一緒に提示して格式的な会話練習に役立てようとした。また、文の構造を示す例を<模範答案>として提示し、学習者たちが参考できるようにした。

10. 「復習」は3つの練習で構成されている。前の2つの項で習った語彙と文法、主題を統合して長く話して書ける練習で構成されている。

11. 「文化」は韓国の文化を紹介し、関連する韓国語の表現を提示して学習者が活用できるように構成した。

12. 全ての練習は学習者が自分の韓国語能力のレベルに合わせて多様に表現できるよう段階的な練習で構成されている。「話してみましょう」は与えられた状況で対話を組織する演習から自身の状況に拡張して対話を構成する演習ができるように段階的に行われていて、「書いてみましょう」は作文のための概要の作成段階を含め、論理的かつ段階的な作文活動が行われるようにした。

13. 新しい語彙は当該ページの下段に提示した。また、新しく出たすべての語彙のリストやその語彙が使われた項を付録に提示して学習に役立てようとした。

単元構成

課	題目	学習目標	表現	文化
1課 挨拶と紹介	<1> 友達が多くなって楽しいです	最近の生活について話すことができる。	-게[1] -어지다	様々な挨拶表現
	<2> 韓国で大学に入ろうと韓国語を学びます	専攻と計画について話すことができる。	-은 지 -으려고	
2課 達と家族	<1> 私の友達は背が高くて性格がいいです	友達の外見と性格について話すことができる。	-네요 -겠다[2]	
	<2> 痛い時はおばあさんが一番会いたいです	家族と親戚を紹介することができる。	-을 때 의	
3課 故郷	<1> 済州島に行ってみましたか。	故郷の位置を説明することができる。	만에 -어 보다[1]	韓国の特産物
	<2> 公園に木が多いので、空気がいいです	故郷の特徴を説明することができる。	-기 때문에 -는데[2]	
4課 家	<1> 部屋がもっと広いならいいですね	住んでいる家の長所と短所を説明することができる。	-었으면 좋겠다 -어야겠다	
	<2> 交通は便利ですか	家の構造と周辺環境について説明することができる。	-는 중이다 -나요?	

課	題目	学習目標	表現	文化
5課 食べ物	<1> 汁にご飯をかけてキムチと一緒に食べます	料理をご紹介して食べる方法について話すことができる。	-어 보다[2] -는데[3]	韓食の御膳立て
	<2> 韓国料理を作ってみたことがありますか	食材や料理法について説明することができる。	-은 적이 있다 에다가	
6課 市場	<1> たぶんマートで売ると思います	物を買えるいろいろな場所について説明することができる。	-을까요?[3] -을 거예요[2]	
	<2> 登山靴を買いたいですが、どこで買ったらいいのでしょうか	ショッピングの場所を推薦することができる。	-는데[4] -어하다	
7課 ショッピング	<1> 一度着てみてもいいですか	買いたい物について説明することができる。	-어도 되다 -으면 안 되다	韓国の服と靴のサイズ
	<2> どれほど気に入るのかわかりません	購入した物の長所と短所を説明することができる。	ㅎ동사 얼마나 –는지 모르다	
8課 招待	<1> 達と一緒に送別会をしようと思う	集まりについて説明して招待することができる。	–어 -을까 하다	
	<2> ケーキを作って持って行く	様々な状況に合うプレゼントを推薦することができる。	-어 가지고 -지 마	

課	題目	学習目標	表現	文化
9課 約束	<1> 1時にハヌル公園で会うのがどう?	約束の時間と約束の場所を定めることができる。	-는다, -니? -을게요	お願いする際のマナー
	<2> 急用ができて約束を守れないことになった	約束をキャンセルしたり、変更することができる。	-어라, -자 -게 되다	
10課 お願い	<1> 悪いけど、宿題をちょっと手伝ってくれる?	身近な人に個人的なお願いをすることができる。	-을래요? -었다가[1]	
	<2> 失礼ですが、写真をちょっと撮っていただけますか	様々な状況で適切にお願いすることができる。	-습니다만 -는지 알다	

目次

1課 挨拶と紹介

<1> 友達が多くなって楽しいです

学習目標: 最近の生活について話すことができる。

語彙

익숙하다 慣れている
즐겁다 楽しい
오랜만이다 久しぶりだ
사귀다 付き合う
힘들다 大変だ
지내다 過ごす
보내다 送る

<2> 韓国で大学に入ろうと韓国語を学びます

学習目標: 専攻と計画について話すことができる。

語彙

한국어 교육학 韓国語教育学
신문 방송학 新聞放送学
경영학 経営学
컴퓨터 공학 コンピュータ工学
경제학 経済学
방송국 放送局
전공하다 専攻する
앞으로 これから
목적 目的
방송국 放送局
천문 우주학 天文宇宙学
의학 医学
대학원 大学院
졸업하다 卒業する
이유 理由

2課 友達と家族

<1> 私の友達は背が高くて性格がいいです

学習目標: 友達の外見と性格について話すことができる。

語彙

날씬하다 痩せている
어깨 肩
착하다 やさしい
안경 メガネ
두다 置く
잘생기다 ハンサムだ
성격 性格
마음 心
끼다 (メガネを)かける
모습 姿

<2> 痛い時はおばあさんが一番見たいです

学習目標: 家族と親戚を紹介することができる。

語彙

고모 叔母
조카 甥
공무원 公務員
큰아버지 伯父
작은아버지 叔父
콘서트 コンサート
친척 親戚

1課 - 2課 復習

文化：多様な挨拶表現

韓国人の挨拶の礼儀は多様で状況によってやり取りする挨拶も異なります。韓国では朝に起きた時「안녕히 주무셨어요?」と挨拶します。道で誰かに会った時は、「어디 가세요?」や「어디 다녀오세요?」という問いかけで挨拶を代わりにします。食事時間が過ぎて誰かに会った時は、「食事しました?」と挨拶します。そして知人を久しぶりに会った時には「오래간만이에요. 그동안 잘 지냈어요?」という挨拶で相手の最近の生活について聞きます。韓国で誰かに挨拶をする時は相手の年齢やその人との関係を考えて正しく表現しなければなりません。

3課 故郷

<1> 済州島に行ってみましたか

学習目標: 故郷の位置を説明することができる。

語彙

강화도 江華島(カンファド)
해산물 海鮮
서해 西海
동해 東海
강원도 江原道
전라도 全羅道
다녀오다 行ってくる
관광지 観光地
해수욕장 海水浴場
나이로비 ナイロビ
수도 首都
하와이 ハワイ
위치 位置
인삼 高麗人参
수원 水原(スウォン)
남해 南海
경기도 京畿道
충청도 忠清道
경상도 慶尚道
섬 島
도빌 ドーヴィル
케냐 ケニア
가운데 中
구경거리 見せ物
태평양 太平洋

<2> 公園に木が多いですので、空気がいいです

学習目標: 故郷の特徴を説明することができる。

語彙

오슬로 オスロ
내내 ずっと
상파울루 サンパウロ
북동부 北東部
유명하다 有名だ
중부 中部
성 城
북부 北部
호안끼엠 アンキエム(ベトナムのハノイの湖の名前)
남부 南部
호찌민 ホーチミン
자연 自然
그립다 懐かしい
베이징덕 北京ダッグ
만리장성 万里の長城
타코야키 たこ焼き
하노이 ハノイ
왕궁 王宮

4課 家

<1> 部屋がもっと広いならいいですね

学習目標: 住んでいる家の長所と短所を説明することができる。

語彙

아침밥 朝御飯
이태원 梨泰院(イテウォン)
점 点
앱(app) アプリ
관리비 管理費
불편하다 不便だ
알아보다 調べる
이사하다 引っ越しする

<2> 交通は便利ですか

学習目標: 家の構造と周辺環境について説明することができる。

語彙

베란다 ベランダ
새로 新たに
월세 家賃
계약 契約
엘리베이터 エレベーター
고시원 考試院
편리하다 便利だ
거의 ほとんど
룸메이트 ルームメート
가구 家具

3課 - 4課 復習

語彙

해안 海岸
피오르드 フィヨルド
바이킹 バイキング

文化: 韓国の特産物

韓国で旅行をしたことがありますか。皆さんはそこで何をしましたか。人たちは旅行に行くと見物し、そこで有名な食べ物を食べたり有名な物を買うともします。これらを特産物と言います。済州島はみかんが有名です。京畿道は米と陶磁器、江原道は牛肉とトウモロコシなどがよく知られています。このようなところから出た特産物は他の地域から出る物よりいいですので昔には王にプレゼントで送ったりもしました。もはや、このような特産物は郵便局でも注文することができ、インターネットでも簡単に買えます。

5課 食べ物

<1> 汁にご飯をかけてキムチと一緒に食べます

学習目標: 料理を紹介して食べる方法について話すことができる。

語彙

문어 タコ
뿌리다 かける
밀전병 煎餅
슈하스코 シュハスコ
찍다 つける
소고기 牛肉
면 麺
빈대떡 ピンデトック(韓国式の緑豆チヂミ)
녹두 緑豆
말다 かける
소스 ソース
오리고기 鴨肉
싸다 安い
파인애플 パイナップル
소갈비 牛カルビ
육수 出汁
겨자 からし
국물 汁

<2> 韓国料理を作ってみたことがありますか

学習目標 : 食材と料理法について説明することができる。

語彙

달걀찜 茶碗蒸
소금 塩
넣다 入れる
재료 材料
베이컨 ベーコン
기름 油
삶다 煮る
옥수수 トウモロコシ
마요네즈 マヨネーズ
궁중 떡볶이 宮中トッポッキ
양념 味付け
설탕 砂糖
마늘 ニンニク
미역 わかめ
마지막 最後
별로 あまり
찬물 冷水
끓이다 煮込む
참치 ツナ
달걀 卵
섞다 混ぜる
찌다 蒸す
감자 ジャガイモ
볶다 炒る
프라이팬 フライパン
채소 野菜
샐러드 サラダ
썰다 刻む
떡 餅
간장 醤油
다지다 細かく刻む
미역국 わかめスープ
끓다 沸く
참기름 ごま油
고기 肉
냄비 鍋
볶음밥 チャーハン

6課 市場

<1> たぶんマートで売ると思います

学習目標: 物を買えるいろいろな場所について説明することができる。

語彙

수건 タオル
쌀 米
풍선 風船
방석 座布団
팔다 売る
생활용품 生活用品
칫솔 歯ブラシ
콩 豆
이불 布団
마트 マート
음료 飲料
종류 種類

싱싱하다 みずみずしい　조금씩 少しずつ
냉동식품 冷凍食品　식료품 食料品

<2> 登山靴を買いたいですが、どこで買ったらいいのでしょうか

学習目標: ショッピングの場所を推薦することができる。

語彙

가전제품 家電製品　스포츠 용품 スポーツ用品
남성복 紳士服　여성복 婦人服
패션 잡화 ファッション雑貨　등산화 登山靴
선풍기 扇風機　귀걸이 イヤリング
매장 売り場　상품 商品
건강식품 健康食品　전자 상가 電子商店街
제품 製品　문고 文庫
동대문역사문화공원역 東大門歴史文化公園駅
안내하다 案内する　첫째 一番目
둘째 二番目　셋째 三番目

5課 - 6課 復習

語彙

감자탕 カムジャタン　등뼈 背骨

文化: 韓食のお膳立て

韓食のお膳立てでごはんは左、汁は右に置いて、スプーンと箸は膳の右側に置きます。韓食のお膳立てでご飯、汁、キムチ、チゲは基本で、加わるおかずの数によって3帖飯床、5帖飯床、7帖飯床、9帖飯床と呼ばれました。客を招待すれば、家主はお膳立てをした後、客に「차린 것은 없지만 많이 드세요.」とあいさつして招待された人々は食事する前に「잘 먹겠습니다」と挨拶します。食事を終える時はほかの人が食べ終わるまで待った後に「잘 먹었습니다」とあいさつして一緒に食事を終えます。

7課 ショッピング

<1> 一度着てみてもいいですか

学習目標: 買いたい物について説明することができる。

語彙

원피스 ワンピース　블라우스 ブラウス
운동복 運動服　분홍색 ピンク色
유행이다 流行だ　갈아입다 着替える
점퍼 ジャンパー　조끼 ベスト
긴치마 ロングスカート　청바지 ジーンズ
반바지 半ズボン　스카프 スカーフ
샌들 サンダル　첫 初め

회색 灰色　윗사람 目上の人
가장 最も　두 번째 二番目
세 번째 三番目

<2> どれほど気に入るのかわかりません

学習目標: 購入した物の長所と短所を説明することができる。

語彙

색깔 色　밝다 明るい
어둡다 暗い　연하다 薄い
진하다 濃い　디자인 デザイン
단순하다 単純だ　화려하다 派手だ
무늬 柄　꽃무늬 花柄
줄무늬 ストライプ　체크무늬 チェック模様
얼룩무늬 まだら模様　물방울무늬 水玉模様
사이즈 サイズ　맞다 合う
마음에 들다 気に入る　답글 返事

8課 招待

<1> 私は明日忙しくありません

学習目標: 集まりについて説明して招待することができる。

語彙

모임 集まり　송별회 送別会
동호회 同好会　유학생 留学生
동창회 同窓会　초대하다 招待する
회비 会費　여의도 汝矣島(ヨイド)
동아리 サークル　서울숲 ソウル森
도시락 弁当　연극 演劇
뒤풀이 打ち上げ　특별하다 特別だ
기대가 되다 楽しみになる　팬 ファン

<2> ケーキを作って持って行く

学習目標: 様々な状況に合うプレゼントを推薦することができる。

語彙

찻잔 ティーカップ　집들이 引っ越し祝い
벽시계 壁掛け時計　향초 アロマキャンドル
돌잔치 トルチャンチ(韓国で1歳の誕生日を祝うパーティー)
금반지 金の指輪　선배 先輩
만년필 万年筆　목욕용품 お風呂用品
주방용품 キッチン用品　쿠션 クッション
세제 税制　와인 ワイン
쿠키 クッキー　화분 植木鉢
꽃바구니 花かご

7課 - 8課　復習

語彙

어울리다 似合う
바자회 バザー
초대장 招待状

文化:韓国の服と靴のサイズ

韓国で服や靴を買ったことがありますか。韓国で服のサイズはたったの数字を使用して85、90、95、100、105、110と言います。「90サイズください」というか、「私は100を着ます」と言います。女性スーツのサイズは44、55、66、77、88などの数字を使用し「このスーツ66サイズがありますか」と言います。また、XS、S、M、L、XL、XXLを使用して「このティーシャツL(ラージ)サイズがありますか」と話することもできます。そして韓国の靴のサイズは230、235、240、245、250、270、275(mm)を使用して「この運動化240ミリありますか」と言うか「この靴270ください」と話します。

9課 約束

<1> 11時にハヌル公園で会うのがどう？

学習目標: 約束の時間と約束の場所を定めることができる。

語彙

드디어 ついに
북한산 北漢山
문화 센터 文化センター

<2> 急用ができて約束を守れないことになった

学習目標:約束をキャンセルしたり、変更することができる。

語彙

취소하다 キャンセルする
갑자기 急に
급하다 急だ
생기다 できる
이틀 二日
후배 後輩
끝인사 別れの挨拶

10課 お願い

<1> 悪いけど宿題をちょっと手伝ってくれる？

学習目標: 身近な人に個人的なお願いをすることができる。

語彙

부탁하다 お願いする
도와주다 手伝う
잃어버리다 失う
문제 問題
사흘 3日
나흘 4日
바로 すぐ
빌려주다 貸す
제목 題目
첫인사 初めての挨拶

<2> 失礼ですが写真をちょっと撮っていただけますか

学習目標: 様々な状況で適切にお願いすることができる。

語彙

저 あのう
저기 あのう
저기요 すみません
부장 部長
서류 書類
음 うん

9課 - 10課　復習

文化:お願いする際のマナー

先生に推薦状をお願いする時、皆さんが知るべきマナーを紹介します。まず、先生に挨拶をしながら皆さんを紹介します。その後、皆さんがお願いする内容を申し上げます。「お忙しいでしょうが、推薦状をお願いしてもいいですか」、「申し訳ございませんが、推薦状を書いていただけますか」などの表現を使用することが好ましいです。この時、皆さんが支援する学校の名前と専攻も詳しく申し上げます。そして先生と会う時間と場所を定めた後、先生を直接伺って「ありがとうございます。いっしょけんめい準備して良い結果をもってまた連絡いたします」と感謝の挨拶をします。